ROBBE & BERKING
GERMANY

Kochen mit Genuss

Neue Ideen und Lieblingsrezepte
der Spitzenköchin

Kochen mit Genuss

Neue Ideen und Lieblingsrezepte
der Spitzenköchin

4

INHALT

Probelauf: Pâtisseur Dominique Simonnet und Lea Linster kreieren fast täglich neues Gebäck und köstliche Desserts.

»*Bon appétit!* Teilen Sie meine *Lust* auf Neues, auf *beste Qualität* und aufs Kochen mit *Genuss!*«

Wenn wir im Restaurant einen Apfelkuchen backen wollen oder vielleicht eine köstliche Tarte fürs Dessert, dann hole ich mir die Äpfel von Josy Gloden, der erntet die besten Äpfel von ganz Luxemburg. Sie haben eine feine Säure und eine schöne Textur, genau so, wie ich es liebe. Der Weg zu ihm lohnt sich immer, ich glaube nämlich fest daran, dass ein Kuchen noch besser wird, wenn man denjenigen kennt, der die Äpfel gehegt und gepflegt hat. Eine solche Liebe gilt nicht nur dem Obst. Ein Huhn vom Bauernhof in der Bresse, langsam aufgezogen und delikat zubereitet, ist ein unvergleichlicher Genuss. Ich denke auch an meinen Käse und weiß, man merkt ihm an, mit wie viel Sorgfalt Bernard Anthony ihn behandelt. Erst wenn er Käse zur perfekten Reife gebracht hat, schickt mir der Affineur aus dem Elsass exakt die Stücke, die ich mir für meine Gäste vorstelle.

Ich liebe gute Lebensmittel, und ich wünsche mir, dass Sie das auch tun. Ich liebe es, sie zu riechen und zu schmecken, jede Feinheit in meinem Kopf zu speichern und das alles mit Ihnen zu teilen. Schon als Kind entdeckte ich die großartige Vielfalt: den klaren Geschmack der Sahne oder die unendliche Fadheit der Haferflocken. Ich liebte es, Butter auf der Zunge zergehen zu lassen oder Karotten aus dem Beet zu ziehen und knackfrisch zu essen. Ich mochte die leuchtende Farbe der Orangen und das frische Grasgrün der Erbsen. Diese Eindrücke haben mich schon früh geprägt

Wein à la Linster: Jährlich gibt es von der Elbling-Spätlese aus Leas Reben in Remich an der Mosel rund 2000 Flaschen.

und zur Überzeugung gebracht: Qualität macht dich glücklich! Ist es da ein Wunder, dass ich inzwischen einen eigenen kleinen Weinberg habe und mit dem Winzer Maximilian von Kunow aus Luxemburgs ältester Elbling-Rebsorte, dem Rhäifrensch, einen guten Wein keltere? Und wir jetzt planen, gemeinsam einen Luxemburger Crémant zu machen?

Weil ich den Urgeschmack so vieler herrlicher Lebensmittel kenne, behalte ich sie beim Kochen gern so, wie

Sous-Chef und
Chefin: Korbinian
Wolf und Lea
Linster sind ein
perfektes Team.

man sie in Erinnerung hat und heute noch liebt. Mein Satz, dass eine Karotte wie eine Karotte schmecken muss und eine Tomate wie eine Tomate, wenn sie auf dem Teller der Gäste angerichtet werden, ist für mich unverändert gültig. Das ist überhaupt nicht langweilig, denn ich frische die Klassiker gern auf und ziehe sie herüber in unsere Zeit. Ich freue mich sehr, dass ich jetzt in meiner Restaurantküche in Frisange ein Team von wunderbaren jungen Leuten habe, die top-professionell sind und meinem Anspruch an Qualität in jeder Minute treu bleiben.

Das fängt schon bei den kleinen Dingen an. Wir reichen unseren Gästen im Restaurant immer einen Korb mit köstlichen Brötchen, die wir jeden Tag zweimal frisch backen. Dazu gibt es feinstes Meersalz und Pfeffer und die geliebte Luxemburger Butter in perfekter Konsistenz. Sie ist seit Jahrzehnten von gleichbleibender Qualität, ungesalzen, so dass sich jeder ganz nach seinem Geschmack bedienen kann. Es gibt einen kleinen Gruß aus der Küche, ein Häppchen der Fantasie, das zur Jahreszeit passt, und auf jeden Fall einen lauwarmen Pistazien-Parmesan-Taler

dazu. Dann folgt eine kleine Suppe, nur fünfzig oder sechzig Milliliter servieren wir in einem Glas oder einem Tässchen. Im Winter ein warmes Süppchen, wenn es draußen heiß ist, ein kaltes. Das schmeichelt dem Magen, und er ist bereit für ein schönes Menü. Bei uns gibt es keine Blätterteig-Teilchen zum Champagner, die sind viel zu fett und belasten nur. Es gibt keine Armada von Häppchen zum Aperitif und keine Vorspeise zur Vorspeise, so dass man als Gast fast satt ist, wenn es mit dem georderten Menü endlich losgeht. Ich versichere Ihnen, das ist keine mangelnde Fantasie, und das ist auch kein Geiz. Nein, ich möchte, dass Sie sich Ihren Appetit erhalten! Nach dem kleinen Entrée schicken wir Ihnen nur noch ein »Bon appétit« aus der Küche und servieren dann, was Sie gewählt und bestellt haben und worauf Sie sich schon die ganze Zeit freuen.

Bon appétit – guten Appetit, das schreibe ich auch gern unter meine Rezepte. Gemeint ist natürlich der Appetit auf gutes Essen. Aber auch der Appetit auf Neues, der Appetit auf das Leben, auf Freunde und auf Menschen, die man gern hat. Gutes Essen ist einfach Lebensqualität!

Ich bin sehr froh, dass Sie die Lust am Essen, die Lust an neuen Rezepten und Freude am Genuss mit mir teilen. Ich liebe es, wenn die Menschen meine Rezepte verstehen können und mir dann sagen, was sie gekocht haben, dass das Kochen erfolgreich war und sie Komplimente dafür bekommen haben. Dann bin ich so froh und stolz auf meine Gäste und Leserinnen und ein bisschen auch auf mich. Dann weiß ich, dass sich all die Arbeit in den vielen Jahren gelohnt hat.

Schon als kleines Mädchen im Café meiner Eltern hatte ich davon geträumt, dass ich groß bin und die Tür zum Saal aufgeht und alle sagen: »Aaah, seht nur, da kommt sie!« Ich wollte, dass alle sich freuen, dass ich käme und ihnen mein Essen bringe. Auch wenn es manchmal schwer war, ich habe gelernt, dass es gut im Leben ist, durchzuhalten und seine Träume zu verwirklichen. Und sich selbst treu zu bleiben.

Bon appétit wünscht Ihnen Ihre Lea Linster!

Sterne-Restaurant
mit Aussicht: »Léa
Linster Cuisinière«
liegt mitten in
Frisange und hat
eine tolle Terrasse.

DRINKS & HÄPPCHEN

»Nicht nur die Liebe geht durch den Magen, auch Entspannung, das ist meine Erfahrung. Ich tue deshalb alles, damit sich meine Gäste rundherum wohl fühlen. Dafür sorgen die herzliche und ungezwungene Atmosphäre im Restaurant, die ungeteilte Aufmerksamkeit meiner Mitarbeiter und natürlich das gute Essen. Ein Glas Champagner öffnet den Magen, eine kleine Suppe entspannt ihn, ein Häppchen erhöht seine Vorfreude auf kommende Genüsse. Teilen Sie mein Vergnügen, Gäste zu haben – und bleiben Sie entspannt!«

Geflügelleber-Pâté *Seite 14*

Kalter Zuckerschoten-Shooter *Seite 14*

Geflügelleber-Pâté

1 Ich ziehe zuerst die Schalotten ab, schneide sie in feine Würfelchen und erhitze 20 Gramm von der Butter. Darin dünste ich sie glasig, bis sie schön weich sind. Auch die Morcheln dünste ich in 20 Gramm Butter an und lasse beides abkühlen.

2 Inzwischen schneide ich das Schweinefleisch in Würfel und drehe es zusammen mit der Geflügelleber durch den Fleischwolf oder püriere es im Mixer fein. Ich gebe die eisgekühlte Sahne, den Cognac und die Schalottenwürfelchen dazu. Die angedünsteten Morcheln schneide ich in feine Würfelchen und hebe sie zusammen mit den Pistazien und dem Pastetengewürz ebenfalls unter. Dann würze ich noch kräftig mit Salz und Pfeffer. Zum Schluss schneide ich die Gänseleberpastete in kleine Stücke und gebe sie unter die Fleischfarce. Diese Masse fülle ich jetzt in eine flache Form.

3 Den Backofen heize ich auf 160 Grad vor (Umluft 140 Grad, Gas Stufe 2). Die Fettpfanne des Backofens fülle ich mit heißem Wasser, so dass die Form mit der Fleischfarce zur Hälfte darin stehen kann. Ich decke die Form mit Alufolie ab und lasse die Pâté so im Backofen garen – erst einmal eine Stunde. Dann nehme ich die Folie ab und gare die Pâté noch 15 Minuten weiter.

4 Die Form kann ich nun herausnehmen und abkühlen lassen. Beim Garen bildet sich Flüssigkeit, die gieße ich durchs Sieb in einen Topf. Ich lasse sie zusammen mit dem Portwein, dem Zucker und den Kardamomkapseln auf etwa 220 Milliliter einkochen. Die Gelatine weiche ich ein, drücke sie aus und löse sie im heißen Portwein auf.

5 Ich lasse die Soße abkühlen und warte, bis die Gelierflüssigkeit leicht anzieht. Ich nehme den Kardamom heraus, gieße das Gelee gleichmäßig über die Pâté und lasse alles im Kühlschrank fest werden.

6 Zum Servieren schneide ich die Pâté zuerst möglichst korrekt in Streifen, dann in gleichmäßig große Würfel. Schön sieht es aus, wenn ein Blättchen Petersilie auf jedem Würfel liegt. Genießen Sie's!

FÜR 40 WÜRFEL Foto Seite 12

200 g Schalotten • 40 g Butter • 75 g Morcheln (oder andere Pilze) • 300 g Schweinenacken-Kotelett (ohne Knochen) • 200 g Geflügelleber • 100 g Sahne • 125 ml Cognac • 50 g Pistazienkerne • 2 Messerspitzen Pastetengewürz (Koriander, Nelke, Piment, Zimt – alles gemahlen) • 1 TL Salz • ½ TL Pfeffer • 200 g Gänseleberpastete (oder gekochter Schinken)
Portweingelee: 300 ml Portwein • 30 g Zucker • 5 Kardamomkapseln • 3 Blatt weiße Gelatine
Dekoration: Petersilienblättchen

Bei Häppchen ist die Dekoration wichtig – in Leas Restaurant sitzt jeder Handgriff.

Kalter Zuckerschoten-Shooter

1 Ich ziehe die Schalotten ab und würfele sie – wie immer mit Liebe – sehr fein. So dünste ich sie in der heißen Butter an. Die Zuckerschoten wasche ich, tupfe sie trocken und dünste sie mit den Schalotten an. Ich würze mit Meersalz.

2 Jetzt gieße ich den Fond dazu. Ich schäle die Kartoffel, reibe sie fein und gebe sie in die Suppe. Alles lasse ich bei kleiner Hitze zehn Minuten kochen.

3 Ich wasche die Minze und zupfe die Blättchen ab. Die Minzeblättchen gebe ich in die Suppe und püriere sie mit dem Stabmixer. Anschließend streiche ich die Zuckerschotensuppe noch durchs Haarsieb, damit sie ganz glatt und elegant wird.

4 Nun schmecke ich das Süppchen nur noch mit etwas Zitronensaft, Meersalz und einer Prise Zucker ab und lasse es im Kühlschrank abkühlen.

5 Zum Servieren verrühre ich die Crème fraîche und den Sahne-Meerrettich und gebe die Masse in einen kleinen Spritzbeutel (oder Plastikbeutel mit abgeschnittener Ecke). Das Süppchen fülle ich in kleinste Schälchen und dekoriere jedes mit einer Schnecke der Crème fraîche.

FÜR 8–10 SHOOTER Foto Seite 13

2 Schalotten • 20 g Butter • 200 g Zuckerschoten • Meersalz • ½ l Hühnerfond (Seite 38) oder Gemüsefond • 1 kleine Kartoffel • ½ Bund Minze • etwas Zitronensaft • 1 Prise Zucker • 2 EL Crème fraîche • 1 TL Sahne-Meerrettich (Glas)

Schinkentoasties

1 Zuerst schneide ich 20 dünne Scheiben Baguette ab. Ich hacke die Oliven und beträufele sie mit einem Esslöffel vom Limettensaft.

2 Die reife Avocado schäle ich, halbiere sie und löse den Stein aus. Das Fleisch einer Avocadohälfte schneide ich in passende Scheibchen, auf die ich etwas Salz und Pfeffer aus der Mühle gebe.

3 Gern röste ich die Baguettescheiben kurz im Backofen an – das muss aber nicht zwingend sein. Ich bestreiche sie dann mit den gehackten Oliven, lege die Avocadoscheiben darauf und beträufele alles mit dem restlichen Limettensaft.

4 Den Schinken – ich nehme in diesem Fall gern welchen vom Rind – forme ich zu Röschen und drapiere sie auf die Avocado-Baguettes. Ich dekoriere die Häppchen noch mit kleinen Raukeblättern und Blüten, gebe einen Hauch Piment d'Espelette darüber und verspreche Ihnen: Ihre Gäste werden Sie lieben!

FÜR 20 STÜCK Foto rechts

1 Baguette (ca. 250 g) • 75 g schwarze Oliven (ohne Stein) • 2 EL Limettensaft • ½ Avocado • Meersalz • Pfeffer • 20 Scheiben dünn geschnittener Schinken (vom Rind oder Schwein) • 20 Raukeblättchen • 20 essbare Blüten (z.B. Schnittlauchblüten, Hornveilchen) • etwas Piment d'Espelette

Lea Linster toppt
ihre Schinken-
toasties mit einer
essbaren Blüte.

Bloody Mary *Seite 18*

Frozen Strawberry Margarita *Seite 18*

Picon-Bière *Seite 18*

White Lady *Seite 18*

Bloody Mary – kräftig mit Wodka

Wodka ist, wie Gin, ein ideales Mixgetränk. Und die Kombination mit Tomatensaft einfach unschlagbar. Ich gebe Eis in den Shaker und alle Zutaten dazu, der Pfeffer kommt aus der Mühle darüber, eventuell auch etwas Selleriesalz. Den Drink kräftig schütteln, durchs Barsieb in ein gekühltes Becherglas abseihen. Zum Schluss dekoriere ich gern mit einer Selleriestange, damit kann man auch umrühren. Perfekt!

TIPP: Ohne Wodka wird's eine »Virgin Mary«.

FÜR 1 GLAS Foto Seite 16

Eiswürfel • 5–8 cl Wodka • 10–15 cl Tomatensaft • 1 cl Zitronensaft • 1 Spritzer Worcestersoße • 1 Spritzer Tabasco • Pfeffer • evtl. etwas Selleriesalz • evtl. 1 Stange Staudensellerie

Picon-Bière – Bier mit Aperitifwein

In Frankreich und den Benelux-Ländern ist es durchaus üblich, ein kleines helles Bier als Aperitif zu trinken. Probieren Sie es mal, es regt den Appetit gut an! Und raffiniert wird es, wenn man es mit einem französischen Aperitifwein mixt: den »Picon amer« ins Bierglas geben und das Bier aufgießen. Mir schmeckt es mit einem luxemburgischen Bofferding oder einem belgischen Bier wie Leffe am besten.

TIPP: Leichter und trotzdem lecker ist der Drink mit alkoholfreiem Bier.

FÜR 1 GLAS Foto Seite 17

4 cl Picon • 0,25 l Pils

Frozen Strawberry Margarita – Lieblingsdrink mit Tequila

Ich gebe zerstoßenes Eis in den Mixer der Küchenmaschine und gieße den Tequila, den Cointreau und den Zitronensaft darauf. Dann gebe ich die Erdbeeren dazu. Ich mixe alles kräftig durch und gieße den Drink in das vorgekühlte Cocktailglas – am liebsten auf zwei bis drei gefrorene Erdbeeren.

TIPP: Dekorativ ist ein Zuckerrand am Glas: Ich streue Zucker auf eine Untertasse. Mit dem Zitronenschnitz fahre ich am Rand des gekühlten Cocktailglases entlang und stülpe das Glas kurz in den Zucker.

FÜR 1 GLAS Foto Seite 16

Eiswürfel • 4 cl Tequila • 1 cl Cointreau • 2 cl Zironen- oder Limettensaft • 3 frische Erdbeeren (oder 1 cl Erdbeersirup) • evtl. 2–3 TK-Erdbeeren

White Lady – ein Klassiker mit Gin

Ich fülle ordentlich Eiswürfel in den Shaker und gieße dann alle Zutaten darauf. Wie immer kräftig schütteln und durchs Barsieb ins vorgekühlte Glas abseihen. Fertig!

TIPP: Wer mag, gibt noch ein Eiweiß hinein.

FÜR 1 GLAS Foto Seite 17

Eiswürfel • 4 cl Gin • 2 cl Zitronensaft • 2 cl Cointreau (oder Triple Sec)

»Coole Überraschung für Gäste: Cocktails.«

Juanita – mit weißem Rum

Ein paar Eiswürfel gebe ich in den Shaker und gieße dann den Rum, die Kokosmilch und den Ananassaft dazu. Kräftig schütteln. Ich tue drei oder vier Eiswürfel in ein gekühltes Longdrinkglas und seihe den Drink durchs Barsieb ins Glas. Erst das Bitter Lemon hinein, gut umrühren und dann den Orangensaft langsam über den Drink gießen. Wer mag, trinkt's mit Strohhalm.

FÜR 1 GLAS Foto links

Eiswürfel • 4 cl weißer Rum • 5 cl Kokosmilch • 3 cl Ananassaft • 3 cl Bitter Lemon • 3 cl Orangensaft

Von Luxemburg in alle Welt: Lea Linster liebt ihr Picon-Bière.

»Die Mango muss wirklich perfekt reif sein. Ich greife deshalb immer zu einer Flugmango.«

Den Garnelen-Geschmack unterstreicht Lea durch Mango, Zitrusfrüchte und Thymian.

Mangospieße mit Garnelen

1 Ich schäle die Mango, schneide das Fruchtfleisch am Stein entlang ab und schneide es in gleichmäßige Würfel.

2 Die Garnelen schäle ich, schneide Kopf und Schwanz ab und schneide sie mit einem scharfen Messer am Rücken entlang knapp ein, um den schwarzen Darmfaden entfernen zu können. Das Garnelenfleisch schneide ich dann in Stücke, die möglichst genauso groß sein sollen wie die Mangowürfel.

3 Die Garnelen- und Mangowürfel stecke ich jetzt auf Holzspieße und würze sie mit Salz und etwas Zucker.

4 In einer Pfanne brate ich sie in heißem Olivenöl braun. Ich füge die Butter dazu und schwenke die Spieße darin. Auch das gewaschene Thymiansträußchen kommt nun zum Aromatisieren mit in die Pfanne.

5 Die Limette spüle ich heiß ab, ziehe die Schale mit einem Zestenreißer ab (oder ich reibe die Schale auf der Microplane ab) und streue sie auf die Spieße.

6 Zum Schluss lösche ich den feinen Bratsud in der Pfanne mit dem ausgepressten Limetten- und Grapefruitsaft ab, lasse die Spieße noch zwei Minuten darin ziehen und kann sie servieren. Freuen Sie sich auf die Komplimente Ihrer Gäste!

FÜR 6 SPIESSE Foto links

1 Mango • 6 Riesengarnelen • Salz • etwas Zucker • 2 EL Olivenöl • 1 EL Butter • 1 Sträußchen Thymian • 1 Bio-Limette • ½ Grapefruit

Buntes Rührei

1 Ich wasche den Schnittlauch und schneide ihn in feine Röllchen. Die Piquillos lasse ich abtropfen und würfele sie dann fein.

2 Dann verrühre ich die Eier mit der Sahne und dem Salz. Die Butter erhitze ich in einer beschichteten Pfanne und gebe die Rühreimassse hinein. Sobald das Ei anfängt zu stocken, streue ich die Schnittlauch-röllchen und die Pimientos-Würfelchen darüber und backe alles zu einem weichen Rührei. Sie wissen ja, dafür müssen Sie die Eimasse in der Pfanne mehrfach zusammenschieben und dabei Schnittlauch und die gewürfelten Pimientos unterheben.

3 Ich serviere die Rührei-Häufchen in kleinen Schüsselchen oder gern auch auf Pumpernickeltalern.

FÜR 10 HÄPPCHEN ohne Foto

½ Bund Schnittlauch • 2–3 Pimientos del Piquillo (abgezogene rote Paprikaschoten aus der Dose) • 3 Eier • 3 EL Sahne • Meer-salz • 2 EL Butter • evtl. Pumpernickel

Marinierte Heringsfilets

1 Die Zwiebeln schneide ich in feine Ringe. Das Gemüse putze ich und schneide es klein. Mit den abgezogenen Knoblauchzehen, Essig, Wein, Zucker, Salz und den anderen Gewürzen gebe ich es in einen Topf und lasse alles einmal aufkochen. Ich nehme den Topf vom Herd.

2 Die Heringsfilets spüle ich kurz unter kaltem Wasser ab, tupfe sie mit Haushaltspapier trocken, lege sie in eine Schüssel und gieße den heißen Essigsud darauf. Alle Filets sollten bedeckt sein.

3 So eingelegt lasse ich den Fisch mindestens 24 Stunden abgedeckt im Kühlschrank ziehen. Ich nehme die Filets danach aus der Marinade, schneide sie in mundgerechte Häppchen, richte sie auf Porzellanlöffeln an und dekoriere sie mit feinen Dillfähnchen. Als Bett darunter hacke ich ein paar getrocknete Softtomaten oder Pimientos fein. Voilà!

FÜR 18 HÄPPCHEN Foto oben

2 Zwiebeln • 1 Möhre • 100 g Knollensellerie • 1 kleine Por-reestange • 2 Knoblauchzehen • 100 ml Weißweinessig • 100 ml Weißwein • 2 EL Zucker • 1 TL Salz • 1 EL schwarze Pfefferkör-ner (grob zerdrückt) • 2 Lorbeerblätter • 6 Heringsfilets • ½ Bund Dill • 4 Softtomaten oder Pimientos del Piquillo (Dose)

*»Ideal, wenn die Herings-
häppchen 24 Stunden in der
Marinade ziehen.«*

4 Nun schneide ich den ganz frischen Lachs, den ich kurz abgespült und dann mit Küchenpapier trocken getupft habe, in kleine Tranchen und belege sie mit dem Topping. Ich dekoriere sie mit den restlichen Limettenfilets und ein paar Korianderblättern. Noch raffinierter wird's mit einem Hauch Piment d'Espelette. Genießen Sie's!

TIPP: Das Topping eignet sich für jeden rohen frischen Fisch.

FÜR 8 HÄPPCHEN Foto links

160 g roher Lachs (Sushi-Qualität)
Topping: ½ rote Zwiebel • 1 Stange Staudensellerie
(nur das Grün) • 3 Korianderstängel • ½ Limette • 1 Tomate
• 2 EL Olivenöl • Meersalz • Pfeffer
Dekoration: Piment d'Espelette • ½ Limette
• 8–16 Korianderblätter

Gazpacho im Glas

1 Zuerst wasche und putze ich alles Gemüse: Ich schäle die Salatgurke und schneide sie in Stücke. Auch die aromatischen Roma-Tomaten, den Staudensellerie und die Paprikaschoten würfele ich, zum Schluss die Zwiebel, den Knoblauch und die Chilischote, die ich wie immer (mit Gummihandschuhen) entkernt habe.
2 Ich schneide das Brot in Würfel, weiche es in etwas Milch ein und drücke es dann aus. Das Brot püriere ich zusammen mit dem klein geschnittenen Gemüse und etwa 60 Milliliter kaltem Wasser im Mixer fein. Anschließend streiche ich die Suppe durch ein Spitzsieb, damit die Paprikahaut und die Tomatenkerne abgefangen werden. Eventuell gebe ich noch etwas kaltes Wasser dazu, um die Gazpacho auf die richtige Konsistenz zu bringen.
3 Nun schmecke ich mit Salz, Pfeffer, Balsamico, Melfor-Essig und einer Prise Zucker ab und lasse die Gazpacho richtig gut durchkühlen.
4 Zum Servieren fülle ich das Süppchen in Gläser, lege auf jedes Glas eine dünne Scheibe Ziegenkäse und ein Blättchen Basilikum und beträufele es mit etwas feinstem Olivenöl.

FÜR 10 GLÄSER Foto rechts

1 Salatgurke • 4 Tomaten (Roma) • 3 Stangen Staudensellerie
• je 1 rote, gelbe und grüne Paprikaschote • 1 Zwiebel
• 2 Knoblauchzehen • ½ Chilischote • 1–2 Scheiben Toastbrot
• 4 EL Milch • Salz • Pfeffer • Balsamico • Melfor-Essig (oder
Weißweinessig) • etwas Zucker • 100 g Ziegenkäse (am liebsten
Ziegen-Camembert) • 3–4 Basilikumstängel • etwas Olivenöl

Lachshäppchen

1 Für das Topping schneide ich zunächst die halbe Zwiebel in superfeine Würfelchen – Sie wissen ja, wir Profis nennen das »brunoise«. Dann schneide ich das frische Grün vom Staudensellerie und den Koriander fein, einige Blättchen lege ich beiseite.
2 Ich wasche die Limette heiß ab und ziehe die Schale mit einem Zestenreißer ab. Die Limette schäle ich dann dick (auch das Weiße muss runter) und löse die Filets heraus. Die Hälfte davon hacke ich fein und vermische sie mit den Kräutern.
3 Ich überbrühe die kleine Tomate mit heißem Wasser, so dass ich sie enthäuten und entkernen kann. Das Tomatenfleisch würfele ich fein. Zusammen mit den Limettenzesten und den Zwiebelwürfelchen gebe ich es unter die Limetten-Kräuter-Mischung. Ich rühre das Olivenöl unter und schmecke alles mit Salz und Pfeffer aus der Mühle ab.

»*Meine würzige Gazpacho serviere ich natürlich schön gekühlt.*«

Perfektes Entrée für einen Sommerabend: die Linster-Gazpacho.

SUPPEN & VORSPEISEN

»Qualität zeigt sich schon in einfachen Produkten: Ich denke an Salz, Pfeffer, Brot und Butter. Glauben Sie mir, ein Essen kann nur wirklich gut sein, wenn diese elementaren Dinge stimmen. Ich habe deshalb lange probiert und probiert, bis meine Brötchen so gelungen sind, wie ich sie heute zweimal täglich frisch backe. Dazu kommt natürlich die gute Butter aus Luxemburg, wie ich sie liebe – nicht zu hart, nicht zu weich. Dann noch feines Meersalz und frischer Pfeffer. Wenn das alles stimmt, kann das Menü beginnen. Genießen Sie's!«

Selbst gekochte Brühe, hier für die Maultaschen, ist für Lea Linsters Küche unentbehrlich.

Maultaschen in der Kalbsbrühe

1 Für die Maultauschen koche ich eine schöne Brühe, für die ich Kalbfleisch aus der Oberschale oder eine Beinscheibe nehme. Während die Brühe zwei Stunden leise köchelt, bereite ich die Maultaschen zu.
2 Zuerst die Füllung: Dafür schneide ich die Zwiebel und die Champignons in sehr feine Würfelchen. Von der glatten Petersilie und dem Majoran zupfe ich die Blättchen ab und schneide sie in ganz feine Streifen, die Petersilien- und Majoranstängel gebe ich mit in die Brühe.
3 In sprudelndem Salzwasser blanchiere ich den gewaschenen Spinat (nur eine Minute) und schrecke ihn sofort in Eiswasser ab. Dann ausdrücken und fein schneiden. Vom Toastbrot schneide ich die Rinde ab, würfele es grob und weiche es in etwas Milch ein. Im Mixer der Küchenmaschine püriere ich das schiere Kalbfleisch (in Würfel geschnitten), die Sahne, das Ei und das weiche, ausgedrückte Toastbrot zu einer schönen Fleischfarce.
4 In einer kleinen Pfanne erhitze ich eine große Nuss Butter schäumend und brate darin Zwiebel- und Champignonwürfelchen an. Die Fleischfarce gebe ich in eine Metallschüssel und mische alle Zutaten unter: die Zwiebel-Champignon-Mischung, die Petersilie und den Majoran, den Spinat und das Kalbshack. Außerdem kommt ein guter Schuss Cognac hinein, und zum Schluss schmecke ich das Ganze mit Salz, Pfeffer und Muskat ab.
5 Ich mache dann den Nudelteig, hier aus 300 Gramm Mehl, 120 bis 140 Milliliter Wasser und einem Ei. Wie viel Flüssigkeit notwendig ist, hängt davon ab, wie groß das Ei ist – für den Teig brauchen Sie wieder ein bisschen Fingerspitzengefühl!
6 Den Teig lege ich in Frischhaltefolie etwa eine Stunde in den Kühlschrank. Ich rolle den kalten Teig so lange aus, bis er schön dünn ist, und gebe mit dem Esslöffel im Abstand von etwa acht Zentimetern die Füllung auf die eine Hälfte. Die Teigränder mit etwas Wasser anfeuchten, den Teig überklappen, festdrücken und zu Maultaschen ausrädeln.
7 Die fertige Brühe gieße ich durch ein großes Sieb und fange sie auf. Ich lasse die Maultaschen gute fünf Minuten in der Brühe ziehen, die sieden soll. Zum Servieren fülle ich die Brühe mit den Maultaschen in tiefe Teller, obendrauf gebe ich ein bisschen Schnittlauch, fein gehackte Petersilie und noch etwas feines Meersalz.

FÜR 30 MAULTASCHEN Foto links

Füllung: *1 Zwiebel • 6 braune Champignons • 4 Stängel glatte Petersilie • 10 Majoranzweige • Salz • 50 g Spinat • 2 Scheiben Toastbrot • 50 ml Milch • 250 g Kalbfleisch • 200 g Sahne • 1 Ei • 30 g Butter • 200 g Kalbshack • 2 EL Cognac • Meersalz • Pfeffer • etwas Muskat*
Nudelteig: *300 g Mehl • 1 Ei*
Dekoration: *etwas Schnittlauch • etwas glatte Petersilie • Meersalz*

Kräftige Kalbsbrühe

1 Das Kalbfleisch brate ich in einer großen Pfanne in heißem Öl ordentlich braun an.
2 Ich putze ein Bund Suppengrün, also eine Stange Porree, ein Stück Knollensellerie, zwei Möhren und eine Petersilienwurzel, und schneide alles Gemüse in Würfel. Dazu schäle ich ein Stück Ingwer und schneide es in Scheiben. Ich ziehe die Zwiebeln ab und viertele sie. Das Gemüse brate ich in einem größeren Topf in einer guten Nuss Butter an.
3 Dann gieße ich zwei Liter Wasser an das Gemüse und gebe noch zwei Tomaten, die ich geviertelt habe, hinein – sie klären die Brühe. Das alles bringe ich zum Kochen und gebe nun das braun angebratene Kalbfleisch mit in den Topf. Ich salze die Brühe kräftig und lasse sie zwei Stunden mit halb aufgelegtem Topfdeckel leise köcheln. Die fertige Brühe gieße ich durch ein großes Sieb und fange sie auf. Fertig!

TIPP: Wenn ich die Füllung für die Maultaschen machen, brauche ich Petersilien- und Majoranblätter. Die Stängel gebe ich gern zum Kochen mit in die Brühe – das ist toll für den Geschmack!

FÜR 1½ LITER Foto links

750 g Kalbfleisch (Beinscheibe oder aus der Oberschale) • 3 EL Sonnenblumenöl • 1 Bund Suppengrün (Porree, Möhre, Knollensellerie, Petersilienwurzel) • 50 g Ingwer • 2 Zwiebeln • 25 g Butter • 2 Tomaten • Salz

»Eine gute Farce braucht zwei Dinge: erstklassiges Fleisch und den Mut der Köchin, richtig zu würzen.«

Gemüse-Pralinen mit
Curry-Pimiento-Soße *Seite 30*

Pastinakencremesuppe mit
Knoblauch-Kräutersahne *Seite 30*

Gemüse-Pralinen
mit Curry-Pimiento-Soße

1 Für die Füllung putze ich alles Gemüse und schneide Möhren, Porree, Sellerie und die Zuckerschoten in feine Streifen (»Julienne«). Von den Porreestreifen stelle ich etwas für die Soße beiseite. Den Ingwer schäle ich und schneide drei dünne Scheiben ab, den Zitronengrasstängel schneide ich der Länge nach auf, so gibt er mehr Aroma ab. Von den Schalen der Bio-Limette und -Zitrone ziehe ich dünne Zesten ab.
2 Das Olivenöl erhitze ich in der Pfanne und dünste das vorbereitete Gemüse darin an. Ich schmecke mit Salz und Curry ab und fische das Zitronengras wieder heraus.
3 Nun halbiere ich die Brickteigblätter und schneide die Seiten gerade, so dass Rechtecke entstehen. Die Ränder bestreiche ich mit Eiweiß und verteile das Gemüse auf die acht Rechtecke. Ich rolle sie auf und drehe die Enden dann zusammen wie bei einem Bonbon. Die Enden fixiere ich zur Sicherheit mit kleinen Holzspießen.
4 Die Gemüsepralinen backe ich etwa vier Minuten schwimmend im heißen Frittierfett aus.
5 Für die Currysoße ziehe ich die Zwiebel ab und schneide sie sehr fein. Den Apfel schäle ich und schneide ihn auch klein. Ich erhitze dann das Öl in der Pfanne, dünste die Zwiebel mit dem Apfel darin an und rühre den Curry hinein, er soll von bester Qualität sein. Das Ganze ein bisschen köcheln lassen und mit dem Hühnerfond ablöschen.
6 Nun kommen die Petersilie, das Zitronengras und etwas frisch geriebene Muskatnuss hinein. Alles köchelt gut 20 Minuten bei kleiner Hitze. Danach fische ich die Stängel heraus, binde die Soße mit der Mehlbutter und lasse sie nochmals zehn Minuten köcheln.
7 Die Soße püriere ich dann mit dem Stabmixer, gieße die Kokosmilch dazu und passiere die Soße durch ein Haarsieb. Ich lasse sie nochmals aufkochen und reduziere sie eventuell noch ein bisschen. Abschmecken, einen Spritzer Zitronensaft dazu und vor dem Servieren noch einmal gut mit dem Stabmixer aufschäumen.
8 Für die Pimientos-Soße schneide ich die Pimientos del Piquillo in Würfel, vermische sie mit dem Olivenöl, gebe etwas ganz fein gehackten Porree dazu und schmecke mit Zitronensaft und Tabasco ab.
9 Ich richte die knusprigen Gemüsepralinen mit einigen kleinen Salatblättern an, gebe die aufgeschäumte Currysoße dazu und dekoriere ein paar Pünktchen von der Piquillos-Soße auf jeden Teller – eine wunderbar raffinierte Vorspeise.

FÜR 8 PERSONEN Foto Seite 28

4 Blätter Brickteig (Ø ca. 25 cm) • 1 Eiweiß • ½ l Erdnussöl oder Butterschmalz (zum Frittieren)
Füllung: 1 Möhre • ¼ Porreestange • 100 g Knollensellerie • 10 Zuckerschoten • etwas Ingwer • 1 Zitronengrasstängel • ½ Bio-Limette • ½ Bio-Zitrone • 1 EL Olivenöl • Salz • Curry
Currysoße: 1 Zwiebel • 1 Apfel (z.B. Granny Smith) • 2 EL Olivenöl • 1 EL Curry • ½ l Hühnerfond (Seite 38) • 2 Stängel glatte Petersilie • 1 Zitronengrasstängel • etwas Muskatnuss • Mehlbutter (aus 1 EL Mehl und 1 EL Butter) • 100 ml Kokosmilch (Dose) oder 100 g Sahne • 1 Spritzer Zitronensaft
Pimiento-Soße: 5 Pimientos del Piquillo (Dose) • 2–3 EL Olivenöl • ¼ Porreestange • 1 Spritzer Zironensaft • 1 Spritzer Tabasco

Pastinakencremesuppe mit
Knoblauch-Kräutersahne

1 Für die Cremesuppe putze ich zunächst die Zwiebeln und die Pastinaken und schneide das Gemüse in Würfel. Die kleinen frischen Knoblauchzehen ziehe ich nur ab.
2 Ich erhitze die Butter im Topf und dünste Pastinaken, Zwiebeln und Knoblauch kurz darin an. Dann füge ich einen guten halben Liter Wasser dazu und lasse alles 25 Minuten kochen. Für den Geschmack gebe ich gern noch etwas Liebstöckel oder Staudensellerie mit hinein.
3 Inzwischen mache ich meine Knoblauchsahne. Dafür koche ich zunächst 75 Gramm von der Sahne zusammen mit den großen frischen zerdrückten Knoblauchzehen und einer Prise Salz auf. Mit einem Haarsieb filtere ich den Knoblauch heraus und lasse die Sahne in einer Edelstahlschüssel in Eiswasser abkühlen. Ist sie kalt, gieße ich die restliche kalte Sahne dazu, schlage alles steif.
4 Nun nehme ich Kräuter, ganz nach Lust und Laune. Ich zupfe die Blättchen ab, zum Beispiel von je einem Stängel Petersilie, Liebstöckel, Basilikum, Dill und Selleriegrün, schneide alle Kräuter ganz fein und hebe sie unter die Knoblauchsahne. Ich schmecke mit Salz, Pfeffer aus der Mühle und einem Spritzer Zitronensaft ab. Voilà.
5 Zurück zur Suppe: Ich gieße 150 Gramm Sahne dazu, lasse sie nur ganz kurz mitkochen und püriere die Suppe fein. Ich gieße dann noch etwa 200 Milliliter heißes Wasser hinein, um sie auf die perfekte Konsistenz zu bringen. Ich schmecke sie kräftig mit Salz, Pfeffer und etwas Zitronensaft ab und serviere das samtige Süppchen in vorgewärmten Tellern oder Suppentassen mit einer Haube von der Knoblauchsahne.

TIPP: Raffiniert dazu sind Sellerie- oder Petersilienblättchen, die ich schnell in der Pfanne in heißem Olivenöl knusprig frittiere.

FÜR 4–6 PERSONEN Foto Seite 29

2 Zwiebeln • 500 g Pastinaken • 3 Knoblauchzehen • 50 g Butter • 1 Stängel Liebstöckel oder etwas Staudensellerie • 150 g Sahne • Salz • Pfeffer • etwas Zitronensaft
Knoblauchsahne: 125 g Sahne • 2 Knoblauchzehen • Salz • Kräuter (z.B. glatte Petersilie, Liebstöckel, Basilikum, Selleriegrün, Dill) • Pfeffer • etwas Zitronensaft

»Pastinaken sind zu meiner Freude wieder in Mode. Ihren feinen, leicht süßen Geschmack liebe ich wirklich sehr.«

Lea Linster sprüht vor Ideen: Das Gemüse der Pralinen (links) ist auch gut als Pasta-Soße: Sie dünstet es an, gibt Sahne hinein und ordentlich frischen Parmesan darüber.

Suppe von gebratenen Blumenkohlröschen

1 Den Blumenkohl wasche ich kurz unter kaltem Wasser und schneide dann die Blumenkohlröschen ab. Den harten Strunk tue ich weg. Ich zerlasse die Butter in einer Pfanne, brate die Blumenkohlröschen darin an und würze mit dem Zucker und Salz. So gebe ich alles in einen mittelgroßen Topf.

2 Nun gieße ich den Hühnerfond und die Sahne zu und lasse die Suppe etwa 20 Minuten bei kleiner Hitze köcheln. Der Blumenkohl ist jetzt gar, und ich kann ihn in der Suppe pürieren. Damit's schön edel wird, streiche ich alles noch durchs Haarsieb.

3 Falls die Suppe zu dick ist, gieße ich noch etwas Fond an, um eine gute Konsistenz zu erreichen. Ich schmecke mit Meersalz und frisch geriebener Muskatnuss ab und fülle die feine Suppe in kleine, gut vorgewärmte Suppentassen.

4 Für die Dekoration habe ich die Sahne steif geschlagen. Auf jede Portion Suppe setze ich einen Löffel Sahne und streue ein paar Paprikaflocken darauf.

FÜR 4 PERSONEN Foto unten

400 g Blumenkohlröschen (ca. 1 mittelgroßer Blumenkohl)
• 25 g Butter • 1 TL Zucker • Meersalz • ca. ½ l Hühnerfond
(Seite 38) • 100 g Sahne • etwas Muskat
Dekoration: *3 EL Sahne • Paprikaflocken*

Blinis mit Räucherlachs und Meerrettichsahne

1 Zuerst mache ich die Blinis. Dafür zerbröckle ich die Hefe und verrühre sie mit etwas lauwarmem Wasser, einer Prise Zucker, einer Prise Salz und einem Esslöffel Weizenmehl. Ich lasse sie so in der warmen Küche stehen, bis die Masse kleine Bläschen wirft.

2 Ich verrühre die Hefemasse mit dem Buchweizenmehl, dem restlichen Weizenmehl, dem Eigelb, den Eiern, der Crème fraîche und der Buttermilch zu einem Teig. Den lasse ich mindestens eine halbe Stunde stehen, bis er deutlich mehr Volumen hat und Blasen wirft.

3 Voilà, jetzt kann ich kleine Blinis daraus backen, pro Blini nehme ich etwa zwei Esslöffel vom Teig. Das geht entweder mit einem Waffeleisen (vorher fetten oder nicht, je nach Anleitung) oder in einer Pfanne in zwei Esslöffel heißem Butterschmalz. Die fertigen Blinis lege ich vorsichtig aufs Kuchengitter.

4 Am besten schmecken Blinis naürlich frisch gebacken. Wenn Sie sie vorbereiten, bitte noch einmal im Backofen kurz erwärmen.

5 Inzwischen schlage ich die Sahne halbsteif, verrühre sie mit dem Sahne-Meerrettich und schmecke mit Zitronensaft und etwas Salz ab.

6 Zum Schluss ziehe ich die Zwiebel ab und schneide sie mit Liebe in feine Ringe. Ich drapiere nun den sehr guten Räucherlachs, den ich mit Pfeffer aus der Mühle bestreue, die Zwiebelringe und die Meerrettichsahne zusammen mit den warmen Blinis auf eine große Platte, so dass sich jeder die Blinis nach Lust und Laune belegen kann.

TIPP: Besonders liebevoll wird's, wenn Sie die Blinis im Waffeleisen herzförmig backen.

FÜR 6 PERSONEN Foto rechts

400 g Räucherlachs • 1 Zwiebel • Pfeffer
Blinis: *½ Würfel Hefe (21 g) • etwas Zucker • Salz*
• 100 g Weizenmehl • 100 g Buchweizenmehl • 2 Eigelb
• 2 Eier • 100 g Crème fraîche • 100 ml Buttermilch
• evtl. 2 EL Butterschmalz
Meerrettichsahne: *75 g Sahne • 2 EL Sahne-Meerrettich*
(Glas) • etwas Zitronensaft • Salz

»Ein kleines Süppchen ist der perfekte Einstieg ins Menü. Ihre Gäste werden begeistert sein.«

Bitte zugreifen:
Lea serviert
den feinen
Räucherlachs
mit Blinis.

Nostalgie-Tomaten
mit Krabbensalat *Seite 36*

Kürbiscreme *Seite 37*

Langostinos mit Avocado-
Grapefruit-Salat *Seite 36*

Nostalgie-Tomaten mit Krabbensalat

1 Ich nehme schöne Tomaten, am liebsten die platten gewellten, wie zum Beispiel aus den Vierlanden. Ich schneide den Deckel ab, löse das Innere mit einer spitzen Küchenschere vorsichtig heraus und gebe es in eine kleine Kasserolle. Die Küchenschere muss in diesem Fall sein, nur mit einem Löffel würden wir die Tomaten kaputt machen. Die ausgehöhlten Tomaten lege ich zunächst kopfüber auf eine Platte und stelle sie beiseite.
2 Aus dem Tomateninneren stelle ich einen kräftigen Tomatensud her. Dafür gebe ich noch die halbierten Cherrytomaten mit in den Topf, dazu eine Prise Zucker und Salz. Dann lasse ich die Tomatenmasse auf-kochen und nur etwa zehn Minuten leise köcheln. Anschließend wird alles püriert und durchs Sieb in einen anderen kleinen Topf gegeben. Diesen Tomatensaft lasse ich aufkochen und reduziere ihn, so dass ich am Schluss nur noch etwa drei bis vier Esslöffel übrig habe. Diese Tomatenreduktion lasse ich abkühlen.
3 Inzwischen tupfe ich schon einmal die vorbereiteten ausgehöhlten Tomaten mit etwas Küchenpapier gut aus, damit die Flüssigkeit aufge-sogen wird und die Füllung später nicht zu dünn gerät.
4 Nun mache ich eine feste Mayonnaise. Ich nehme das Gelbe von einem ganz frischen Bio-Ei, gebe den scharfen Senf hinein und schlage beides mit dem Schneebesen glatt. Dann träufele ich nach und nach feinstes Olivenöl hinein und schlage dabei immer weiter mit dem Schneebesen. Wenn Sie es lieber mögen, können Sie das auch mit dem Handrührgerät machen. Zum Schluss rühre ich meine Tomaten-reduktion hinein. Diese glatte Mayonnaise würze ich noch mit etwas Piment d'Espelette – der gibt eine raffinierte Schärfe – und gutem Cognac. Voilà. Ich hebe jetzt das Nordseekrabbenfleisch darunter und schmecke noch einmal ab.
5 So, nun können Sie die Krabben in die Tomaten füllen. Besonders toll sieht es übrigens aus, von den Tomaten nicht einfach nur einen Deckel abzuschneiden, sondern ein kleines Körbchen daraus zu schneiden, das geht gut mit einem scharfen Küchenmesser. Dafür lasse ich in der Mitte einen Steg stehen und hole das Tomateninnere trotzdem vorsichtig heraus. Ich fülle den selbst gemachten Krabbensalat hinein und dekoriere jeweils mit etwas Dill.

TIPP: Dazu ein kleiner Salat und knuspriges Baguette – und fertig ist der Nostalgie-Imbiss für den Sommer.

FÜR 4 PERSONEN Foto Seite 36

8 platte Tomaten (z. B. aus den Vierlanden) • 10 Cherrytomaten • etwas Zucker • Meersalz • 200 g Nordseekrabbenfleisch • 4 Dillstängel
Mayonnaise: 1 Bio-Eigelb • ½ TL Dijon-Senf • 125 ml Olivenöl • etwas Piment d'Espelette • 1 EL Cognac

Langostinos mit Avocado-Grapefruit-Salat und Orangenvinaigrette

1 Zuerst bereite ich die Orangenvinaigrette zu.
2 Inzwischen mache ich die Grapefruitfilets. Dafür schneide ich oben und unten einen kleinen Deckel der Frucht ab, schäle die Grapefruit und schneide dabei auch die weiße Haut mit herunter. Nun liegt das Fruchtfleisch offen, und ich kann es mit einem kleinen, sehr scharfen Messer ganz herauslösen.
3 Ich halbiere dann die schöne reife Avocado, löse den Stein und das Fruchtfleisch aus. Das Avocadofleisch schneide ich in etwa einen Zentimeter dicke Spalten. Die Avocadospalten und die Grapefruitfilets drapiere ich abwechselnd auf den Tellern.
4 Nun schneide ich die Langostinos mit einer Schere am Rücken auf, löse sie aus der Schale, entferne den schwarzen Darm und klappe sie ein wenig auseinander. In heißem Olivenöl brate ich sie auf der Fleisch-seite etwa zwei Minuten sehr heiß an. Ich würze sie mit Meersalz und Limettensaft. Pro Person lege ich drei Langostinos auf die Avocado-Grapefruit-Scheiben und gebe dann die Orangenvinaigrette darüber.

FÜR 4 PERSONEN Foto Seite 35

12 Langostinos (ohne Kopf) • 2 EL Olivenöl • Meersalz • etwas Limettensaft
Avocado-Grapefruit-Salat: 1 rosa Grapefruit • 1 Avocado
Orangenvinaigrette: siehe unten

Orangenvinaigrette

1 Ich wasche die Bio-Orangen. Von der einen reibe ich mit der Micro-plane (oder einer Parmesanreibe) Schale von ungefähr einer halben Orange ab. Die Orangen halbiere ich dann und presse sie aus. Den Saft von drei Hälften koche ich zusammen mit der Orangenschale einen kleinen Moment zu einem Sirup ein.
2 In den Orangensirup gebe ich den Saft der restlichen halben Orange. Dann rühre ich den Senf und die Essige unter, gebe Meersalz und Pfef-fer aus der Mühle dazu. Zum Schluss schlage ich das Traubenkernöl unter. Fertig ist die feine Vinaigrette.

TIPP: Die Orangenvinaigrette ist nicht nur perfekt für die Langusten mit Avocado-Grapefruit, sondern schmeckt auch zu allen Blattsalaten.

2 Bio-Orangen • 2 TL Dijon-Senf • 4 EL Melfor-Essig • 4 EL Weißweinessig • Meersalz • Pfeffer • 150 ml Traubenkernöl

Topinambur-Cremesüppchen

1 Für die Suppe ziehe ich die kleine Zwiebel ab und schneide sie wie immer mit Liebe in sehr feine Würfel. Ich schäle die Topinambur und schneide sie in Scheiben. Nun zerlasse ich die Butter im Topf und dünste Zwiebel und Topinambur in der heißen Butter an.

2 Ich gieße den Hühnerfond und die Milch dazu und lasse alles bei kleiner Hitze 30 Minuten leise kochen. Dann rühre ich 100 Gramm von der Sahne darunter und püriere die Suppe im Mixer fein. Damit ich eine elegante Creme bekomme, gebe ich die Suppe anschließend noch einmal durch ein Haarsieb. Ich schmecke nur mit Salz ab – mehr braucht die Topinambur nicht!

3 Zum Schluss schlage ich die restliche Sahne, fülle die Topinambur-Creme in kleine Teller oder Suppentassen, die schön vorgewärmt sind, und gebe für jeden eine Sahnenocke obendrauf. Noch ein paar Schnittlauchröllchen als Dekoration, und fertig ist der Genuss.

TIPP: Wie die Pastinake war auch dieses schöne Wintergemüse lange Jahre in Vergessenheit geraten – Gourmets freuen sich heute wieder über den feinen Geschmack, zwischen Artischocke und Kartoffel, und lassen sich von der zarten Süße verwöhnen.

FÜR 4–6 PERSONEN *Foto oben*

1 Zwiebel • 500 g Topinambur • 30 g Butter • 200 ml Hühnerfond (Seite 38) • 400 ml Milch • 200 g Sahne • Meersalz • etwas Schnittlauch

Kürbiscreme

1 Ich löse das Kürbisfleisch – am besten schmeckt mir Muskatkürbis – aus der harten Schale und schneide es in etwa drei Zentimeter große Würfel. Die kleine Zwiebel putze ich und würfele sie sehr fein.

2 Die Butter schmelze ich in einem ausreichend großen Topf, dünste zunächst die Zwiebelwürfel darin glasig und gebe dann die Kürbiswürfel mit hinein. Etwas salzen und 200 Milliliter vom Hühnerfond angießen. So lasse ich alles 15 bis 20 Minuten leise köcheln. Dann gebe ich die Sahne dazu und lasse das Kürbisfleisch weitere zehn Minuten leicht kochen, bis es gar ist.

3 Inzwischen erhitze ich den restlichen Hühnerfond in einem anderen Topf. Ich püriere den Kürbis mit dem Stabmixer glatt und gieße nach und nach den Hühnerfond dazu – aber nur so viel, bis die Suppe die perfekte Konsistenz hat!

4 Zum Schluss mixe ich die Suppe nochmals, passiere sie dann durchs Haarsieb und schmecke mit Meersalz, Pfeffer aus der Mühle und Piment d'Espelette ab.

5 Für die Dekoration schlage ich die Sahne steif, gebe einen Spritzer Zitronensaft hinein und schmecke mit Meersalz und Piment d'Espelette ab. Von der Sahne gebe ich jeweils einen Esslöffel auf die heiße Kürbiscreme, die ich – natürlich – auf vorgewärmten Tellern serviere. Zum Schluss streue ich nur noch einen Hauch Piment d'Espelette darüber.

FÜR 4 PERSONEN *Foto Seite 34*

350 g Kürbisfleisch (z.B. Muskatkürbis) • 1 Zwiebel • 40 g Butter • Meersalz • ½ l Hühnerfond (Seite 38) • 150 g Sahne • Pfeffer • etwas Piment d'Espelette
***Dekoration:** 100 g Sahne • etwas Zitronensaft • Meersalz • etwas Piment d'Espelette*

Steinpilze verdienen besondere Sorgfalt: Lea säubert sie mit der Pilzbürste und schneidet den Stiel großzügig ab.

 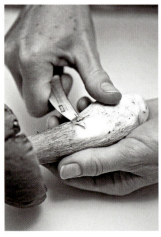

MEIN KLASSIKER

»Das Leben wird einfach leichter, wenn man gute Fonds im Vorrat hat!«

Hühnerfond

1 Die Zwiebel halbiere ich und röste sie mit der Schnittfläche nach unten in einer beschichteten Pfanne ohne Fett schön dunkel, damit Farbe und Aroma des Fonds stimmen.
2 Das Huhn wird abgewaschen und in einen großen Topf gegeben. Vier Liter Wasser und Salz dazu und aufkochen lassen. Ich fische den Schaum mit einer Schaumkelle immer wieder ab, damit die Brühe klar bleibt. Sobald das Wasser kocht, reduziere ich die Hitze.
3 Inzwischen wasche und putze ich das Gemüse. Ich gebe es zusammen mit den Kräutern zum Huhn in den Topf und lasse alles zwei bis drei Stunden leicht köcheln, bis das Huhn ausgekocht ist. Ich nehme das Huhn heraus, gebe die Brühe durch ein Haarsieb und dann noch einmal durch ein Passiertuch. Wenn der Fond konzentrierter und kräftiger sein soll, koche ich ihn noch weiter ein.
4 Wenn Sie es nicht so fett mögen, lassen Sie ihn über Nacht abkühlen. Am nächsten Tag können Sie das überschüssige Fett gut abnehmen.

Für den Vorrat: Der Fond hält sich bis zu drei Tagen im Kühlschrank. Er lässt sich gut portionsweise einfrieren. Sie können ihn auch kochend heiß in Schraubdeckelgläser füllen, verschließen und umgedreht etwa fünf Minuten stehen lassen: Im Kühlschrank hält er sich so etwa drei Monate.

FÜR 2 ½ LITER ohne Foto

1 Zwiebel • 1 Suppenhuhn (etwa 2 kg) • 3 TL Meersalz
• 1 Tomate • 1 Möhre • ¼ Sellerieknolle • 1 kleine Porreestange • 1 Petersilienwurzel • etwas Liebstöckel
• 6 Pfefferkörner • 1 Bund Thymian • 1 Lorbeerblatt

Cremiges Steinpilzsüppchen

1 Für diese wunderbare Suppe ziehe ich zuerst die große Zwiebel ab und schneide sie – wie immer mit viel Liebe – in feine Würfelchen. Außerdem ziehe ich die Knoblauchzehen ab, befreie sie, wenn nötig, in der Mitte vom Keim und schneide sie ebenfalls klein.
2 Dann nehme ich erstklassige Steinpilze, bürste sie gründlich sauber, putze sie und schneide sie in kleine Würfel. Wie das genau geht, sehen Sie oben in den Foto-Steps.
3 Ist das geschafft, zerlasse ich 20 Gramm Butter in einer Kasserolle und dünste die Zwiebelwürfel und den Knoblauch kurz darin an, so dass sie glasig sind. Von den Steinpilzwürfeln nehme ich zwei bis drei Esslöffel ab und stelle sie beiseite – ich brauche sie später für die Dekoration. Die restlichen Steinpilzwürfel gebe ich in die Kasserolle, würze ordentlich mit Salz und Pfeffer und brate sie etwa drei bis vier Minuten. Dabei immer schön wenden!
4 Nun gieße ich den Hühnerfond an, gebe ein paar Zweige Thymian dazu und lasse alles etwa zehn Minuten leise köcheln. Ich fische den Thymian heraus und püriere die Steinpilzbrühe kräftig. Dann gebe ich die Sahne hinein, schäume noch einmal auf und schmecke mit Salz und Pfeffer aus der Mühle ab.
5 In einer kleinen Pfanne brate ich inzwischen die restlichen Steinpilzwürfel in etwas Butter schön braun. Ich fülle die Suppe in die gut vorgewärmten Teller und gebe für jeden einen Esslöffel geschlagene Sahne darauf. Zum Schluss dekoriere ich noch mit einem Hauch platter Petersilie, in feine Streifen geschnitten, mit ein paar kleinen Kerbelblättchen und den gebratenen Steinpilzwürfeln.

FÜR 4 PERSONEN Foto rechts

1 Zwiebel • 1–2 Knoblauchzehen • 250 g Steinpilze
• 30 g Butter • Salz • Pfeffer • 500 ml Hühnerfond (links)
• 8–10 Thymianzweige • 200 g Sahne
Dekoration: *4 EL geschlagene Sahne*
• 2 Stängel glatte Petersilie • 8–12 Kerbelblättchen

Aromatische Pilze, feine Kräuter – edles Cremesüppchen à la Lea Linster.

Feine Suppe vom Radieschengrün
Seite 42

Krabben-Rillette *Seite 43*

Feine Suppe vom Radieschengrün

1 Zuerst wasche ich das Grün von zwei bis drei Bund Radieschen und schneide es klein. Ich putze den Porree und schneide ihn in feine Ringe. Die Zwiebel und die Knoblauchzehe ziehe ich ab und würfele sie fein. Auch der Knoblauch muss ganz frisch sein, sonst lasse ich ihn lieber weg – prinzipiell!

2 In einem Topf zerlasse ich die Butter und dünste zuerst die Zwiebel darin an, dann den Porree, das Radieschengrün und den Knoblauch. Ich streue etwas Salz hinein, wie immer am liebsten Meersalz aus der Bretagne. Sobald alles angedünstet ist, gebe ich die Brühe dazu.

3 In meiner Restaurantküche gibt es dafür natürlich immer selbst gekochten Hühnerfond – das Rezept dafür ist ein Klassiker von mir. Wenn es Ihnen zu umständlich ist, den Fond selbst zu kochen, können Sie auch einen Brühwürfel nehmen. Aber bitte nur einen ohne Glutamat! Den bekommen Sie im Bioladen oder im Reformhaus. Bevor Sie einen normalen Brühwürfel, der außer Glutamat meist auch noch Geschmacksverstärker enthält, in Ihren Suppentopf tun, sollten Sie lieber ganz einfach Wasser nehmen!

4 Ich lasse die Suppe nun aufkochen und dann bei kleiner Hitze etwa zehn Minuten leise köcheln. Wenn das Grün gegart ist – auch die Stängel müssen zart sein –, nehme ich den Topf vom Herd, lasse alles ein bisschen abkühlen und püriere die Suppe dann mit dem Stabmixer. Die Radieschengrünsuppe ist nicht nur echte Sparküche, sie geht sogar blitzschnell: Ich würze sie nur noch mit Pfeffer aus der Mühle, gebe noch ein paar Tropfen Zitrone hinein und schmecke eventuell mit etwas Meersalz ab.

5 Das Süppchen serviere ich in heißen Suppentassen und nehme als Garnitur gern für jeden einen Esslöffel saure Sahne, die ich leicht gesalzen habe, und etwas rosa Pfeffer.

TIPP: Auch meine Buttercroûtons passen sehr gut. Dafür schneide ich einfach von drei Scheiben Toastbrot die Rinde ab und würfele das Brot sehr fein. Die Toastwürfelchen röste ich in einer beschichteten Pfanne hellbraun an, gebe einen Esslöffel Butter dazu und ziehe die Pfanne vom Herd – so sind die Croûtons herrlich buttrig und knusprig.

FÜR 4 PERSONEN Foto Seite 38

2–3 Bund Radieschen • 1 kleine Porreestange • 1 kleine Zwiebel • 1 Knoblauchzehe • 1 EL Butter • Meersalz • ¾ l Hühnerfond (Seite 38) oder Wasser • Pfeffer • etwas Zitronensaft • Meersalz
Garnitur: 4 EL saure Sahne • rosa Pfefferbeeren • evtl. Buttercroûtons (Tipp)

Krabben-Rillette

1 Ich mache eine Mayonnaise aus dem ganz frischen Eigelb und aus Traubenkernöl. Wie immer das Eigelb in eine Schüssel mit rundem Boden geben und das Öl langsam im dünnen Strahl unterrühren. Immer schön mit dem Schneebesen weiterrühren, bis eine dicke Creme entstanden ist. Ich schmecke mit etwas Piment d'Espelette ab, gebe den Meerrettich, den Limettensaft und den Senf dazu, anschließend würze ich mit Salz und Pfeffer aus der Mühle.

2 Für die Rillette schneide ich eine halbe Schalotte in feine Würfel, ebenso die abgetropften und abgetupften Pimientos del Piquillo. Den Schnittlauch schneide ich in Röllchen. Dann würfele ich die Schale einer halben Salzzitrone fein – Sie wissen, die habe ich immer im Vorrat. Alternativ können Sie etwas Schale von einer Bio-Zitrone reiben und mit Salz mischen – wichtig ist der zitronige Salzgeschmack.

3 Ich enthäute und entkerne die schöne Roma-Tomate und würfele das Fruchtfleisch klein. Auch das Stück Salatgurke (ohne Schale und Kerne) wird fein gewürfelt. Voilà. Das alles vermische ich mit dem zerfaserten und klein geschnittenen Krebsfleisch oder mit Krebsscheren aus der Dose. Wenn Sie das nicht bekommen, können Sie alternativ auch Nordseekrabbenfleisch, gehackte Garnelen, Langostinos oder – noch edler – Hummerfleisch nehmen.

4 Ich hebe die Mayonnaise unter und schmecke noch einmal mit Salz, Pfeffer und etwas Piment d'Espelette ab. Zum Schluss forme ich die Krabben-Rillette mit zwei Esslöffeln dekorativ zu Nocken.

TIPP: Zu dieser feinen Vorspeise schmeckt am besten knuspriges Baguette oder geröstetes Toastbrot.

FÜR 4 PERSONEN Foto Seite 41

½ Schalotte • 2 Pimientos del Piquillo (Dose) • ½ Bund Schnittlauch • ½ Salzzitrone oder Bio-Zitrone • 1 Tomate (z. B. Roma) • ¼ Salatgurke • 250 g Krebsfleisch (Dose)
Mayonnaise: 1 Eigelb • 125 ml Traubenkernöl • etwas Piment d'Espelette • ¼ TL Meerrettich (Glas) • 1 TL Limettensaft • 1–2 TL Dijon-Senf • Meersalz • Pfeffer

»Viel zu schade zum Wegwerfen: Radieschengrün, frisch und knackig.«

Korbinian Wolf ist der Sous-Chef von Lea Linster. Sie schätzt seine Genauigkeit und seinen Humor.

Leas Forellenfilet wird durch die frischen Frühlingskräuter und das Rieslinggelee ein besonderer Genuss.

Geräucherte Forellenfilets mit Rieslinggelee

1 Zuerst weiche ich die Gelatineblätter in reichlich kaltem Wasser ein. Inzwischen schneide ich zehn Blätter Sauerampfer in feine Streifen und pflücke von einem kleinen Bund Brunnenkresse eine gute Handvoll Blättchen ab. Auch sie schneide ich fein.

2 Nun erhitze ich 100 Milliliter vom Wein, es sollte unbedingt ein Riesling sein. Ich nehme natürlich einen von der Mosel, weil ich dort lebe und diese Weine ganz besonders schätze! Ich drücke die Gelatine aus, gebe sie in den heißen Riesling und löse sie auf.

3 Diese Gelatineflüssigkeit vermische ich mit weiteren 200 Milliliter Riesling und rühre alles glatt. Ich schmecke kräftig mit Salz ab und gebe die fein geschnittenen Kräuter dazu. Die Masse gebe ich in eine flache Schale und lasse das Rieslinggelee fest werden, das dauert im Kühlschrank etwa eine Stunde.

4 Zum Servieren nehme ich für jeden einen schönen Teller und lege ein feines Forellenfilet darauf. Das fest gewordene Rieslinggelee nehme ich portionsweise mit einem Löffel ab und drapiere es dazu. Außerdem arrangiere ich noch ein paar Hornveilchenblüten, Brunnenkresse- und Sauerampferblätter auf jeden Teller.

5 Aus dem ganz frischen Eigelb und dem feinen Traubenkernöl rühre ich mit dem Schneebesen schnell eine kleine Mayonnaise – Sie wissen ja, erst das Öl tröpfchenweise zum Eigelb geben, dann im kleinen

»Sauerampfer und Brunnenkresse sind ganz wunderbare Frühlingsboten. Greifen Sie zu, wenn sie auf dem Markt sind.«

Strahl. Die Mayonnaise schmecke ich wie gewohnt mit Dijon-Senf, Salz, Pfeffer und einem Spritzer Zitronensaft ab und serviere sie zu meinem Forellen-Arrangement.

FÜR 4 PERSONEN *Foto oben*

4 geräucherte Forellenfilets • 4–5 Blatt weiße Gelatine • 1 Bund Sauerampfer • 1 Bund Brunnenkresse • 300 ml Riesling • Salz
***Mayonnaise:** 1 Eigelb • 100 ml Traubenkernöl • 1 TL Dijon-Senf • Salz • Pfeffer • etwas Zitronensaft*
***Dekoration:** Hornveilchenblüten • einige Brunnenkresse- und Sauerampferblätter*

Suppe von frischen Muscheln

1 Zuerst müssen die Muscheln geputzt werden. Dazu kratze ich mit einem kleinen Küchenmesser alle Unreinheiten von der Schale ab. Aber aufgepasst: Muscheln, die jetzt schon geöffnet sind, müssen Sie unbedingt wegwerfen, schlechte Muscheln sind wirklich kein Vergnügen! Außerdem entferne ich beim Putzen auch den kleinen schwarzen Bart, der aus der Muschel kommt. Denn nachher ist der nicht gut zu essen, und man zerreißt das Muschelfleisch.

2 Wenn ich alle Muscheln geputzt habe, werfe ich sie zusammen in eiskaltes Wasser und wasche sie gründlich – und immer zweimal. So behalten sie ihren Saft und geben der Suppe ihren wunderbaren Meeresgeschmack.

3 In einem Topf, der alle Muscheln auf einmal fassen kann, dünste ich die fein geschnittene Zwiebel in einer guten Nuss Butter an und gebe dann alle Muscheln auf einmal dazu. Ich schalte den Herd sofort auf große Hitze und gieße nach etwa zwei Minuten den Weißwein dazu und einen halben Liter Wasser. Außerdem kommt jetzt der Thymian hinein.

4 Die Muscheln koche ich nur so lange, bis sie geöffnet sind, etwa zehn Minuten. Dann hole ich sie mit einer Schöpfkelle aus dem Topf, werfe die noch geschlossenen weg, und lege alle guten Muscheln in eine große tiefe Platte. Ich lasse sie ein bisschen abkühlen, löse das Fleisch aus den Schalen und decke es gut mit Frischhaltefolie ab.

5 Jetzt gebe ich die geschälten und klein geschnittenen Kartoffeln zum Muschelsud. Ich lasse die Kartoffelwürfel nur acht Minuten köcheln und püriere sie dann mit dem Stabmixer. Diesen Sud passiere ich dann durchs Haarsieb in einen anderen Topf. Die Konsistenz der Suppe soll glatt und leicht gebunden sein.

6 Sellerie, Porree und Möhren schneide ich in feine Würfelchen (»brunoise«), gebe sie zur Suppe und koche sie, bis alles schön zart gegart ist. Zum Schluss gebe ich das Muschelfleisch und den zerdrückten Knoblauch hinein und hebe Sahne unter. Ich serviere die leckere Muschelsuppe schön heiß nur mit etwas Schnittlauch bestreut. Köstlich!

FÜR 4 PERSONEN Foto unten

2 kg Miesmuscheln (am liebsten Bouchot-Muscheln aus der Bretagne) • 1 Zwiebel • 25 g Butter • 200 ml Weißwein (Weiß- oder Grauburgunder, nicht zu trocken) • ½ Bund Thymian • 2 Kartoffeln • 100 g Knollensellerie • 100 g Porree (nur weiß oder hellgrün) • 100 g Möhren • 1 Knoblauchzehe • 100 g Sahne • etwas Schnittlauch

Die Muschelsuppe ist ein richtig toller Eintopf: Sie macht ordentlich satt!

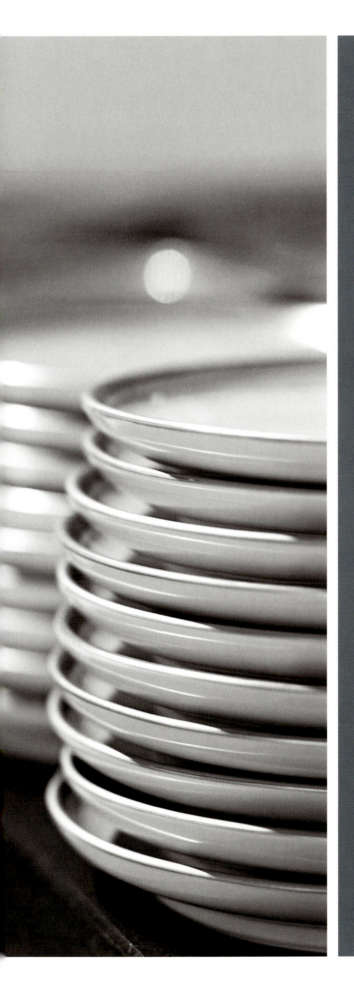

FISCH & KRUSTENTIERE

»Fisch und Krustentiere sind etwas Wunderbares. Ich erinnere mich noch genau an einen Besuch auf Island – dort habe ich wirklich den frischesten Fisch meines Lebens gegessen. Einen Kabeljau, und er war ganz einfach zubereitet. Der Zufall hat es also in diesem Moment gut gemeint mit uns beiden: dem Fisch und mir! Ich kann Sie ehrlich nur ermuntern, so oft wie möglich dieses natürliche Du-darfst-Produkt zu essen – die Zubereitung ist leichter als gedacht. Und ein echter Genuss ist immer garantiert.«

Saiblingsfilets auf Chicorée *Seite 51*

Jacobsmuscheln auf
Champagnerkraut *Seite 51*

»Wie erkennt man, dass ein
Fisch perfekt gegart ist?
Die Haut muss sich ganz
einfach abziehen lassen.
Probieren Sie es bitte aus!«

Saibling, Lachs, Forel-
len und Lachsforellen
lassen sich ohne Fett
auf Backpapier garen.

Saiblingsfilets auf Chicorée

1 Ich nehme die Chicorée und halbiere sie. Den bitteren Kern schneide ich keilförmig heraus. Auch wenn das Bittere vom Chicorée schon vielfach weggezüchtet wurde – so ist es eleganter, und Sie sind auf der sicheren Seite. Die halbierten Chicorées schneide ich mit einem scharfen Messer in zarte Streifen.

2 In der Pfanne erhitze ich dann die Butter und bräune den Zucker darin. Wenn das passiert ist, gebe ich die Chicoréestreifen mit hinein. Ich dünste sie an, bis sie zusammengefallen sind. Nun halbiere ich eine ungeschälte Knoblauchzehe und gebe die Hälften dazu. So kann ich sie nachher leicht herausfischen.

3 Dann presse ich zwei bis drei Orangen aus und gieße den Saft zum karamellisierten Chicorée. Ich lasse alles kurz aufkochen und dann die Flüssigkeit einkochen. Der Chicorée soll goldgelb und glänzend sein.

4 Inzwischen bereite ich den Saibling zu. Ich spüle die Filets kalt ab, tupfe sie trocken und kontrolliere noch einmal genau auf Gräten. Mit einem sehr scharfen Messer schneide ich den dünnen Rand von den Filets, so dass sie begradigt sind und besonders schön aussehen.

5 Den Backofen heize ich auf 180 Grad vor (Umluft 160 Grad, Gas Stufe 3–4). In der Größe der Filets schneide ich Backpapier ab, die Stücke lege ich aufs Backblech und auf jedes ein Zweiglein Rosmarin. Die Filets salze ich nun auf beiden Seiten und lege sie mit der Haut nach oben auf Backpapier und Rosmarinzweig, sie lassen sich später wunderbar leicht vom Papier heben. Sie werden es kaum glauben: Die Filets sind in nur sechs bis acht Minuten im Ofen perfekt gegart.

6 Ich dekoriere zuerst etwas Chicorée auf den heißen Teller, rundherum etwas von der konzentriert eingekochten Orangensoße. Darauf drapiere ich die Fischfilets und ziehe erst dann die Haut ab. Voilà.

Variationen: Frühlingszwiebeln, schräg in hauchfeine Röllchen geschnitten, passen sehr gut zum Saibling – es schmeckt frisch und ein bisschen scharf. Der Saibling ist auch wunderbar auf einem Salat, einem Püree oder meinen geliebten zerdrückten Kartoffeln.

TIPP: Der karamellisierte Chicorée ist übrigens die perfekte Begleitung zu frischen gebratenen Jakobsmuscheln.

FÜR 4 PERSONEN *Foto Seite 48*

4 Saiblingsfilets mit Haut (à 160 g) • 4 Rosmarinzweige
• Meersalz
Karamellisierter Chicorée: 3 Chicorée • 2 EL Butter
• 1 EL Zucker • 1 Knoblauchzehe • 2–3 Orangen (250 ml Saft)

Jakobsmuscheln auf Vanille-Champagner-Kraut

1 In einer Schüssel wasche ich das Sauerkraut in kaltem Wasser und drücke es gut aus. Das mache ich noch ein zweites Mal genauso, damit die Säure gemildert ist und sich die Vanille voll entfalten kann.

2 Ich zerlasse dann 30 Gramm von der Butter in einem Topf, füge den Zucker zu und lasse ihn leicht karamellisieren. Nun hebe ich das Sauerkraut unter, kratze die Vanilleschote aus und gebe das Mark zum Kraut. Ich gieße den Champagner an und lasse mein Kraut im geschlossenem Topf 20 Minuten leise köcheln.

3 Inzwischen putze ich die Jakobsmuscheln (ich nehme nur die weiße Nuss!), wasche sie kalt ab und trockne sie mit Küchenpapier trocken.

4 Sobald das Champagner-Sauerkraut gar ist, nehme ich es vom Herd und schlage die Sahne steif.

5 Ich lasse die Butter in einer Pfanne heiß werden und brate die feinen Jakobsmuscheln zwei Minuten von jeder Seite.

6 Die geschlagene Sahne und die restliche Butter rühre ich jetzt unter das Sauerkraut und schmecke mit Salz ab. Zum Servieren gebe ich für jeden in die Mitte des Tellers einen Löffel vom Champagnerkraut und lege jeweils drei gebratene Jakobsmuscheln im Kreis daneben. Ein paar Schnittlauchröllchen und eventuell etwas feinstes Meersalz (Fleur de Sel) darauf – und fertig ist der Festtagsgenuss!

FÜR 6 PERSONEN *Foto Seite 49*

18 Jakobsmuscheln • 20 g Butter • ½ Bund Schnittlauch
• Meersalz
Champagnerkraut: 300 g Bio-Sauerkraut • 50 g Butter
• 1 EL Zucker • 1 Vanilleschote • 100 ml Champagner
(oder Crémant oder Winzersekt) • 100 g Sahne • Meersalz

»Die kostbaren Jakobsmuscheln verwende ich nur frisch, in den Monaten von November bis März kommen sie von Frankreichs Atlantikküste.«

Pochierte Austern mit Fenchel-Beurre-blanc

1 Zuerst müssen wir die Austern öffnen. Dafür braucht man ein kräftiges Messer mit einer kurzen Klinge und einen Baumwollhandschuh, damit die Hände geschützt sind. Das Austernmesser fasse ich ganz kurz an, so dass nur die Spitze aus den Fingern schaut. Die Auster lege ich mit ihrer gewölbten Seite nach unten in die linke Hand, das Gelenk, wo die Auster zusammenhält (man nennt es übrigens das Schloss), zeigt zum Körper hin. Dort, wo der Mittelfinger ist, setze ich jetzt das Messer zwischen den Austernhälften an.

2 Nun muss ich mit dem Handgelenk wackeln, das Messer bleibt starr – es entsteht eine kleine Öffnung. Voilà, wenn man's richtig kann, braucht man gar keine Kraft dazu! Ich gehe mit dem Messer entlang des Muschelrandes und drehe die Auster um. Jetzt kann ich die Schale abheben, und die Auster ist bereit zum Verzehr.

3 In der Austernschale befindet sich noch Meerwasser. Zum Pochieren gieße ich es durchs Haarsieb in eine kleine Kasserolle. Ich lasse alles aufkochen und gebe dann den guten Weißweinessig dazu. Die Flüssigkeit montiere ich, rühre also die eiskalte Butter, in kleine Stückchen geschnitten, nach und nach schnell ein, so dass eine feine Soße entsteht. Ich gebe noch etwas Limettensaft hinein, lege dann die rohen Austern in die Soße und lasse sie kurz darin ziehen – nur etwa eine Minute, dann sind sie perfekt. Außerdem schneide ich den Fenchel in hauchdünne Streifen und gebe sie kurz dazu.

TIPP: Austern schmecken natürlich auch pur aus der Schale geschlürft. Einfach sofort nach dem Öffnen zum Beispiel mit ein wenig Zitrone und schwarzem Pfeffer aus der Mühle genießen.

FÜR 2 PERSONEN ohne Foto

12 Austern • 100 ml Meerwasser aus den Austernschalen
• 1 TL Weißweinessig • 75 g Butter • 1 Spritzer Limettensaft
• 50 g Fenchel

»Ich liebe Austern, aber sie müssen natürlich immer absolut frisch sein – genau wie Muscheln.«

Frische Austern mit Rotweinzwiebeln

1 Die Austern öffne ich direkt vor dem Genuss wie links beschrieben. Ich lasse das Austernfleisch in der unteren Hälfte in seinem Meerwasser. Die Austernhälften dekoriere ich dann auf eine große Platte – am besten auf Eis.

2 Für die Rotweinzwiebeln würfele ich die kleinen Schalotten sehr fein und schwitze sie in ganz wenig Öl an. Über die Zwiebeln streue ich den Zucker, so dass sie ein bisschen karamellisieren. Ich lösche alles mit einem milden Rotweinessig ab, gebe den schönen Zweig frischen Thymian hinein, würze mit Pfeffer und Meersalz und lasse die Zwiebeln so sprudelnd kochen. Schon nach etwa fünf Minuten sind die Zwiebelwürfelchen gar.

3 Die Soße muss jetzt nur noch abkühlen, und jeder gibt sie sich dann auf die frisch geöffneten Austern. Ich mag auch noch einen Hauch Pfeffer aus der Mühle darüber – köstlich!

TIPP: Mit frischem Baguette und gesalzener Butter ist es ein kleines Abendessen oder eine perfekte Vorspeise.

FÜR 3 PERSONEN Foto rechts

18 Austern
Rotweinzwiebeln: *5 Schalotten*
• ½ TL Olivenöl • 1 TL Zucker
• 100 ml Rotweinessig • 1 Thymian-
zweig • Pfeffer • Meersalz

1 Lea Linster öffnet die Auster. **2** Sie löst dann das Fleisch mit einem scharfen Messer vom Rand der Schale. **3 + 4** Für die Rotweinzwiebeln werden Zwiebelwürfel in mildem Rotweinessig gegart. **5 + 6** So werden Austern in einer feinen Soße kurz pochiert.

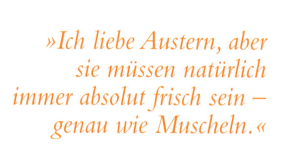

Austern pur in ihrem
Meerwasser sind ein
Genuss. Lea mag Rot-
weinzwiebeln, Zitrone,
und Pfeffer dazu.

Lachs im Zucchinibett *Seite 56*

St. Pierre auf Rettich *Seite 56*

Seezungenfilet mit Mangold
Seite 57

Rotbarbenfilets auf pikanter
Tomaten-Salsa *Seite 57*

Lachs im Zucchinibett

1 Die Zucchini wasche ich und schneide die beiden Endstückchen ab. Ich teile sie dann in etwa fünf Zentimeter lange Stücke und schneide mit dem Gemüsehobel feine Stifte daraus. Das geht natürlich auch mit einem scharfen Messer.

2 Ich zerlasse die Butter in der Pfanne und dünste die Zucchinistreifen glasig, das dauert nur zwei bis drei Minuten, und schmecke mit Meersalz ab. Wer mag, gibt geschälten, zerdrückten Knoblauch mit hinein.

3 Das Lachsfilet schneide ich in vier Tranchen und brate es im Olivenöl von jeder Seite nur eine Minute – es soll nicht ganz durchgebraten sein. Mit Meersalz und gestoßenen rosa Pfefferbeeren bestreuen.

4 Ich wasche die Kräuter und zupfe die Petersilien- und die Basilikumblätter von den Stängeln. Mit etwas Olivenöl verarbeite ich sie im Blitzhacker zu einem feinen Kräuteröl.

5 Zum Servieren lege ich die Zucchini auf eine heiße Platte oder einzelne Teller, drapiere den Lachs darauf, träufele rundherum etwas vom Kräuteröl und gebe gern noch etwas Meersalz und rosa Pfefferbeeren darüber. Ich dekoriere mit Basilikumblättchen. Bon appétit!

TIPP: Zucchini schmecken recht neutral und mögen Variationen. Zum Beispiel passen Bärlauch- oder Knoblauchöl gut dazu. Auch Mangold und Zucchini lieben sich!

FÜR 4 PERSONEN Foto Seite 54

1 Lachsfilet (ca. 320 g) • 1 EL Olivenöl • Meersalz
• rosa Pfefferbeeren
Zucchinigemüse: *2 Zucchini (400 g) • 20 g Butter • Meersalz*
• evtl. 2 Knoblauchzehen
Kräuteröl: *1 Bund Petersilie • 1 Bund Basilikum • 75 ml Olivenöl*

St. Pierre auf Rettich

1 Praktisch ist es, für die Soße erst den Tomatenfond zu machen: Ich wasche die Fleischtomaten, schneide sie in grobe Stücke und gebe sie in einen Topf. Ich püriere alles mit dem Stabmixer, koche es einmal auf und salze es. Dann lege ich ein Spitzsieb mit einem sauberen Mulltuch oder Küchenpapier aus und gieße das Püree zum Abtropfen hinein. Eigentlich muss es für mindestens drei Stunden abtropfen, am besten sogar über Nacht. Wenn's aber schnell gehen soll, kann man's auch ausdrücken: Heraus kommt in jedem Fall ein klarer Tomatenfond, der sich etwa vier Tage im Kühlschrank hält und auch einfrieren lässt.

2 Nun nehme ich die Rettiche (beide von der länglichen Sorte) und wasche sie sorgfältig, denn sie sollen mit der Schale verarbeitet werden. Wurzelenden und Fädchen schneide ich ab. Dann schneide ich mir jeweils ein dickes Stück Rettich von etwa zehn Zentimeter Länge ab und schneide dicke Stifte (etwa ein Zentimeter stark) daraus – pro Person vier schwarze und drei weiße.

3 Die Rettichstifte blanchiere ich jeweils zwei bis drei Minuten in kochendem Salzwasser, erst die weißen, dann die schwarzen. Ich fische sie mit der Schaumkelle heraus und schrecke sie in Eiswasser ab.

4 Auch die knusprigen Rettich-Chips für meine Dekoration bereite ich vor: Ich schneide vom restlichen Rettich einige hauchdünne Scheibchen ab und frittiere sie in zwei Esslöffel Öl, bis sie knusprig sind und sich zu kleinen Schälchen zusammenziehen. Diese tollen Chips bekommt man aber nur, wenn der Rettich ungeschält ist! Im Öl frittiere ich außerdem noch schnell pro Person ein schönes Basilikumblatt.

5 Ich koche jetzt den Fond auf. Wenn sich Schaum an der Oberfläche bildet, filtere ich die Flüssigkeit noch einmal durch. Ich gebe eine Fingerspitze Safranfäden in den Sud und reduziere ihn – mehr als die Hälfte der Flüssigkeit soll einkochen. Dann die Sahne hinein, einmal ganz kurz aufkochen und mit dem Stabmixer aufschäumen.

6 Nun brate ich den St. Pierre. Der Fisch ist edel und teuer, pro Person gibt es also nur eine kleine Portion. Ich zerlasse ein gute Nuss Butter in der Pfanne, gebe die geschälte Knoblauchzehe im Ganzen dazu und die Thymianzweige. Darin wird das Fischfilet nur etwa zwei Minuten auf jeder Seite sanft gebraten. Anschließend salze ich es leicht.

7 Inzwischen brate ich auch den Rettich kurz in etwas Olivenöl und richte ihn dann auf den heißen Tellern dekorativ an: immer einen schwarzen und einen weißen Rettichstift im Wechsel. Darauf wird der Fisch drapiert. Und als feine Dekoration gibt es bei mir im Restaurant noch einen Rettichchip, das frittierte Basilikumblättchen und ein paar winzig gewürfelte rohe Rettichstückchen. Voilà! Ein bisschen Soße dazu – und der Genuss ist perfekt!

FÜR 4 PERSONEN Foto Seite 54

1 schwarzer Rettich • 1 weißer Rettich • Salz • 3–4 EL Olivenöl
• 4 Basilikumblättchen • 4 Filets vom St. Pierre / St. Petersfisch
(à ca. 100 g) • 20 g Butter • 1 Knoblauchzehe • 2 Thymianzweige
• Meersalz
Soße: *500 ml Tomatenfond (oder: 250 ml Tomatenfond und*
250 ml Fischfond) • 2 Safranfäden • 100 g Sahne
Tomatenfond: *500–1000 g Fleischtomaten • Salz*

»Für die Soße zum St. Pierre brauche ich Tomatenfond, der lässt sich gut vorbereiten.«

Seezungenfilet mit Mangold

1 Zuerst putze ich den Mangold: Ich trenne die Stängel von den Blättern und blanchiere die Blätter ganz, ganz kurz (nicht mal eine halbe Minute!) in kochendem Salzwasser. Anschließend schrecke ich sie sofort in Eiswasser ab.

2 Ich putze Schalotte und Knoblauchzehe und schneide beide in feine Würfelchen. In einer kleinen Kasserolle erhitze ich etwas Olivenöl, gebe Zwiebel, Knoblauch und den Thymian hinein – und die Mangoldstängel im Ganzen. Ich dünste alles glasig, lösche dann mit dem trockenen Weißwein ab und lasse es einen Moment garen.

3 Jetzt gieße ich noch den Hühnerfond an, würze mit Meersalz, gebe Pfeffer aus der Mühle darüber und lasse alles einen Moment leise vor sich hin köcheln.

4 Die Brunnenkresse blanchiere ich ebenfalls ganz kurz in kochendem Salzwasser, sie fällt unmittelbar in sich zusammen. Dann gebe ich sie sofort ins Eiswasser zum Abschrecken.

5 Die blanchierten Mangoldblätter lege ich auf einem Stück dreifach gelegter Frischhaltefolie aus, lege das Seezungenfilet darauf, das ich im Butterfly-Schnitt waagerecht halbiert habe. Ich salze und pfeffere das Fischfilet. Ich rolle alles gefühlvoll, aber fest mit der Folie auf und verknote die Enden ganz fest, so dass es wie eine pralle grüne Wurst aussieht. Im Dampfgarer (oder mit einem Dämpfeinsatz in Topf oder Pfanne) gare ich den Fisch, das dauert etwa zehn Minuten.

6 Die Brunnenkresse gebe ich mit der Mangoldbrühe, die ich durchs Haarsieb passiere, in den Mixer der Küchenmaschine und püriere sie sehr fein. In einem kleinen Topf lasse ich alles sämig einkochen. Die gedünsteten Mangoldstängel schneide ich noch einmal fein zurecht.

7 Nun zerlasse ich in einer Pfanne eine gute Nuss Butter und brate die Mangoldstängel darin an. Wenn sie goldbraun sind, hebe ich sie heraus und gebe die Brunnenkressesoße zusammen mit der Sahne zur gebräunten Butter vom Mangold.

8 Zum Servieren dressiere ich zuerst die Mangoldstängel nebeneinander auf die vorgewärmten Teller – zu einem Kreis. Die fertige Seezungenrolle schneide ich schräg in vier Teile und dekoriere sie aufrecht auf den Mangold. In die Mitte stecke ich jeweils zwei Pastinakenchips und gebe großzügig Brunnenkressesoße drum herum. Bon appétit!

TIPP: Wenn Sie dieses edle Seezungenfilet mit den knusprigen Pastinakenchips als Vorspeise servieren, reicht's für vier Personen.

FÜR 2 PERSONEN Foto Seite 55

½ Mangold (ca. 250 g) • Salz • 1 Schalotte • 1 Knoblauchzehe
• 2 EL Olivenöl • 4 Thymianzweige • 150 ml Weißwein
• 200 ml Hühnerfond (Seite 38) • Meersalz • Pfeffer
• 150 g Brunnenkresse • 1 ganzes Seezungenfilet (ca. 300 g)
• 20 g Butter • 50 g Sahne
Dekoration: Pastinakenchips (Seite 97)

Rotbarbenfilets auf pikanter Tomaten-Salsa

1 Ich putze die Schalotten und den Knoblauch und schneide beides »brunoise«, also in sehr feine Würfelchen. Ein Filet von den Pimientos del Piquillo lasse ich kurz abtropfen und würfele es ebenfalls fein.

2 In einer Kasserolle erhitze ich das Olivenöl und konfiere darin die Schalotten-, die Knoblauch- und die Pimiento-Würfelchen, das heißt, ich dünste sie bei kleiner Hitze etwa 20 Minuten lang.

3 Inzwischen enthäute und entkerne ich die reifen Roma-Tomaten. Das Tomatenfleisch schneide ich in feine Würfel und stelle sie beiseite. Saft und Kerne fange ich auf, zerkleinere sie mit dem Stabmixer, koche sie kräftig ein und gebe die restliche Flüssigkeit dann durchs Haarsieb über die Tomatenwürfel.

4 Wenn die Pimiento-Soße fertig ist, hebe ich die Tomatenwürfel unter. Ich gebe den Zitronensaft und die fein geschnittenen Minze- und Basilikumblätter hinein und würze mit Meersalz, Pfeffer aus der Mühle, einem Spritzer Tabasco und einem Hauch Piment d'Espelette. Noch eine Prise Zucker dazu, umrühren und nicht mehr allzu sehr erhitzen, damit die Kräuter nicht verderben.

5 Für die Rotbarbenfilets erhitze ich Olivenöl in der Pfanne. Ich lege sie zuerst mit der Hautseite hinein und brate sie kräftig etwa zwei bis drei Minuten. Dabei schöpfe ich immer wieder heißes Öl über die Filets. Wenn das Filet gebräunt ist, drehe ich es um, gebe etwas Meersalz darüber und mache es mit der zweiten Seite genauso.

6 Ich dressiere auf die heißen Teller jeweils einen Spiegel von der Tomaten-Salsa, lege je ein Rouget-Filet darauf und dekoriere eventuell noch mit ein paar Basilikum- und Minzeblättchen.

FÜR 2 PERSONEN Foto Seite 55

2 Rotbarbenfilets mit Haut (à ca. 120 g) • 1–2 EL Olivenöl
• Meersalz
Tomaten-Salsa: 2 Schalotten • 1–2 Knoblauchzehen
• 1 Pimiento del Piquillo (Dose) • 5 EL Olivenöl
• 2 Roma-Tomaten • 1–2 TL Zitronensaft • 5 Minzeblättchen
• 5 Basilikumblättchen • Meersalz • Pfeffer • 1 Spritzer Tabasco
• etwas Piment d'Espelette • 1 Prise Zucker

»Beim Einrollen der Seezungenfilets bitte nie Zitrone aufs Fischfilet träufeln, sonst wird der Mangold grau!«

Jakobsmuscheln bekommen ihr schön dekoratives Karomuster in der Grillpfanne.

Gegrillte Jakobsmuscheln auf feinem Salat

1 Für den Salat mache ich zuerst eine kleine Vinaigrette aus gutem Sherry-Essig, Salz und einem Hauch Dijon-Senf. Dann schlage ich feinstes Olivenöl mit dem Schneebesen darunter. Sie wissen ja, dass Sie bei einer Vinaigrette die Mengen ganz nach Geschmack nehmen. Und es kommt ja auch darauf an, wie sauer der verwendete Essig ist.
2 Dann schäle ich den Rettich und hobele ihn in hauchdünne Scheiben. Die dekoriere ich rundherum auf einer Platte oder schon auf den Tellern und gebe etwas Vinaigrette darauf. Die rote Zwiebel schneide ich in feine Würfel und stelle sie bereit.
3 Für die Jakobsmuscheln erhitze ich eine Grillpfanne. Das hat allein optische Gründe: Damit bekomme ich das schöne Gittermuster hin! Geschmacklich macht es keinen Unterschied, man kann auch eine ganz normale Pfanne nehmen.
4 Inzwischen wasche ich die Jakobsmuscheln und tupfe das weiße Muskelfleisch mit Küchenpapier gut trocken. Ich befreie es sorgfältig von den Häuten. Auf lange Holzspieße stecke ich dann jeweils drei Jakobsmuscheln, die ich mit etwas Olivenöl einpinsele. Ich lege sie in die heiße Grillpfanne und gebe Meersalz darüber. Nach zwei Minuten drehe ich die Spieße etwas, damit ich das schöne Grillmuster bekomme. Wenn die eine Seite fertig ist, wende ich die Jakobsmuscheln und brate auch die zweite Seite.
5 Ich putze schnell eine Mischung feiner Babyblattsalate und dekoriere sie in die Mitte des Tellers. Ich träufele ein bisschen von meiner Vinaigrette darauf und streue die Zwiebelwürfelchen darüber. Zum Schluss dekoriere ich die Muschelspieße obendrauf und würze mit schwarzem Pfeffer aus der Mühle. Dann noch ein paar hauchdünn geschnittene Rettichstäbchen, etwas Dill und ein paar Tropfen feinstes Olivenöl dazu – und fertig ist der feine Salat.

TIPP: Es ist wunderbar als kleines Abendessen mit Baguette. Und passt auch perfekt in ein edles Menü – Ihre Gäste werden Sie dafür lieben!

FÜR 2 PERSONEN *Foto links*

6 Jakobsmuscheln • 1 EL Olivenöl • Meersalz • Pfeffer
Salat: 1 weißer Rettich • 1 rote Zwiebel • 100 g Babyblattsalate
• etwas Dill
Vinaigrette: 3 TL Sherry-Essig • Salz • ¼ TL Dijon-Senf
• 6–9 TL Olivenöl

Forelle süß-sauer

1 Ich lasse die Forellen vom Fischhändler küchenfertig vorbereiten, spüle sie kalt ab und bestreue sie innen und außen mit reichlich Meersalz und Zucker.
2 Die Bio-Zitrone spüle ich heiß ab und und reibe die Schale ab, das geht am besten mit der Microplane. Die Zitronenschale streue ich auf die Forellen und gare die Fische so im Dämpfeinsatz nur etwa zehn Minuten über Wasserdampf.
3 Einfach mit gehacktem Dill bestreuen und warm oder kalt genießen.

TIPP GEMÜSEREIS: Zur warm servierten Forelle schmeckt dieser Gemüsereis: 200 g Langkornreis in 1 EL Butter andünsten. Ein Bund Suppengrün putzen und klein schneiden. Zum Reis geben und ebenfalls andünsten. Dann etwa 500 ml heißes Wasser zugießen und den Reis 15 Minuten garen. Mit Salz abschmecken.

FÜR 2 PERSONEN *Foto oben*

2 Forellen • 1 EL Meersalz • 1 EL Zucker • 1 Bio-Zitrone
• 1 Bund Dill

»Statt mit Brunnen-
kresse schmeckt die
Soße auch mit glatter
Petersilie fabelhaft.«

Wolfsbarsch mit
Brunnenkressesoße und
Champignonnocken *Seite 62*

Wolfsbarsch mit Brunnenkressesoße und Champignonnocken

1 Die großen weißen Champignons putze ich und ziehe auch die Haut etwas ab, damit die Pilze ganz fein werden. Zunächst schneide ich sie in feine Scheiben, dann in feine Streifen und schließlich in Würfelchen (»brunoise«). Außerdem ziehe ich die Schalotte ab und schneide sie ebenfalls in ganz feine Würfel. Schließlich brauche ich noch ein paar Blättchen Basilikum, die ich in feine Streifen schneide.

2 In einer kleinen Pfanne zerlasse ich eine Nuss Butter (20 Gramm) und dünste die Schalotten- und Pilzwürfel darin an. Ich gebe Meersalz und Pfeffer aus der Mühle darüber und streue die Basilikumstreifen hinein. Ist alles leicht gedünstet, hole ich es aus der Pfanne und gebe es in eine Kasserolle, damit ich die Beilage noch mal erhitzen kann.

3 Für die Soße bringe ich im Topf Salzwasser zum Kochen und blanchiere darin ganz kurz die schönen Bunde Brunnenkresse, die ich vorher von den groben Stielen befreit habe. Mit Eiswasser abschrecken und die blanchierte und abgetropfte Brunnenkresse dann mit dem Stabmixer gut durchmixen.

4 So, nun nehme ich die Filets vom Loup de Mer (Wolfsbarsch), die ich sorgfältig von allen Gräten befreit habe, und salze sie. Auf eines davon gebe ich gut zwei Esslöffel von meiner Duxelles, so heißt der Pilzmix. Das andere Filet wird darauf drapiert. Die beiden Filets binde ich mit den langen Schnittlauchhalmen zusammen. Ich lege ein Stück Backpapier in die Pfanne und das Fischpäckchen darauf, so lässt sich alles perfekt braten und gut wenden!

5 Ich gebe die Knoblauchzehen und den Thymian dazu und brate den Fisch in der restlichen Butter auf dem Papier an. Nach fünf Minuten wende ich den Wolfsbarsch – er bleibt auf dem Papier – und brate ihn auch auf dieser Seite fünf Minuten. Dabei begieße ich meinen Loup immer wieder mit der heißen Butter und lasse ihn noch ein wenig in der heißen Pfanne ziehen.

6 Jetzt muss auch die Soße fertig werden: Ich schneide eine kleine Schalotte fein, gebe den trockenen, nicht zu sauren Weißwein dazu und reduziere alles, bis nur noch zwei bis drei Esslöffel Flüssigkeit im Topf sind. Bei kleiner Hitze schlage ich die eiskalte Butter in kleinen Stückchen mit dem Schneebesen energisch drunter, schön ein Stück nach dem anderen, damit die Soße bei Temperatur bleibt. Salzen, pfeffern und einen Spritzer Zitronensaft hinein! Die Soße mit dem Stabmixer pürieren und dann zwei bis drei Esslöffel Brunnenkresse, durchs Spitzsieb gestrichen, dazugeben.

7 Zum Servieren garniere ich eine heiße Platte mit der Soße, gebe die restliche erwärmte Champignon-Duxelles in Nocken dazu und den prächtigen, wunderbar gebratenen Loup de Mer. Genießen Sie's!

FÜR 2 PERSONEN Foto Seite 60

8 weiße Champignons (ca. 125 g) • 1 Schalotte • 1 Basilikum-stängel • 40 g Butter • Meersalz • Pfeffer • 2 Wolfsbarschfilets (à ca. 150 g) • 4 lange Schnittlauchhalme • 4–5 Knoblauchzehen • ½ Bund Thymian
Soße: *2 Bund Brunnenkresse (oder glatte Petersilie) • 1 Schalotte • 100 ml Weißwein (nicht zu trocken) • 50 g Butter • Meersalz • Pfeffer • 1 Spritzer Zitronensaft*

Muscheln im Gemüsesud

1 Zuerst zum Gemüse: Wie gewohnt putze ich die Gemüsesorten und schneide sie in sehr feine Würfelchen. Jetzt nehme ich einen großen Topf, denn darin sollen später auch die Muscheln garen. Ich gebe eine gute Nuss Butter hinein, zerlasse sie und dünste das Gemüse darin an.

2 Außerdem brauche ich ein Bouquet garni – das gibt einen feinen Geschmack. Ich schneide ein kurzes Stück Porree auf, wickle Lorbeer-blatt, Dill und glatte Petersilie hinein und binde alles mit Küchengarn zusammen. Nun gebe ich noch ein bisschen fein gehackte Petersilie zum Gemüse und lasse alles gut schmurgeln.

3 Inzwischen wasche ich die Muscheln und kontrolliere dabei jede einzeln, ob sie ordentlich geschlossen ist. Dubiose Exemplare werfe ich weg, tue sie wirklich niemals in den Topf, das ist zu gefährlich! Die geschlossenen Muscheln werden zuerst geschrubbt. Mit einem Messer kratze ich alles runter, was da so rumhängt, auch den schwarzen Bart. Dann wasche ich die Muscheln in einer Schüssel in kaltem Wasser und hebe sie sofort wieder heraus, so setzt sich der Sand ab. Sind die Muscheln gut vorbereitet, kommen sie zum Gemüse in den Topf.

4 Ich gieße dann Weißwein an. Auch beim Wein zum Kochen sollten Sie nie an der Qualität sparen! Nehmen Sie den, den Sie später auch zum Essen trinken wollen. Für die Muscheln muss er eine feine Säure haben und trocken sein: Gern nehme ich einen Riesling von der Mosel. Sie wissen ja: Riesling ist der ideale Begleiter zum Fisch.

5 Wenn alle Muscheln offen sind, das dauert etwa zehn Minuten, ziehe ich meinen Topf vom Herd. Um sie nature zu servieren, sind sie schon fertig. Ich fische die Muschelschalen, die leer sind, heraus und gebe nur noch ordentlich schwarzen Pfeffer aus der Mühle, Meersalz und reichlich gehackte Petersilie über die Muscheln.

TIPP MUSCHELFOND: Falls etwas von dem leckeren Muschelsud übrig bleibt: Passieren Sie ihn einfach durch ein feines Haarsieb und dann ab in den Gefrierschrank damit! Denn so ein Muschelfond ist die beste Basis für jede Fischsoße: Er schmeckt mit Butter zu einer schönen Soße montiert. Oder mit Safran gewürzt und mit ein wenig Sahne verfeinert – alles ist möglich und passt zum Beispiel hervor-ragend zu Lachs und zu Zander.

FÜR 2 PERSONEN Foto rechts

50 g Knollensellerie • 50 g Staudensellerie • 50 g Möhre • 50 g Schalotte • 30 g Butter • 1 Bund glatte Petersilie • 2 kg Miesmuscheln • 300 ml trockener Weißwein (am liebsten Riesling) • Pfeffer
Bouquet garni: *1 Lorbeerblatt • 3 Dillzweige • 3 Petersilienstängel • 1 Stück Porree*

Muschelfond ist die
ideale Basis für jede
Fischsoße. Kochen Sie
gleich etwas mehr!

FLEISCH & GEFLÜGEL

»Beim Fleisch und Geflügel ist die Qualität ganz besonders wichtig. Ich bin überzeugt: Nur wenn wir die Tiere bei Aufzucht und Verarbeitung mit Respekt behandeln, haben wir es verdient, ihr Fleisch zu genießen. Sie wissen ja, ich liebe Hühner, und auch bei einem Huhn schmecke ich heraus, ob es ein glückliches Landleben führen konnte! Ist es nicht ein fantastisches Erlebnis für den Gaumen, ein exzellentes Stück Fleisch zu schmecken – herzhaft, zart und wundervoll zubereitet? Lieber seltener und dafür wirklich gut – das ist mein Rat für Genuss.«

Ein Roastbeef darf bei Lea Linster noch blutig sein. Sie können es aber problemlos länger im Ofen garen.

Roastbeef mit Sauce béarnaise

1 Ich schäle die Zwiebeln und halbiere sie quer. Am liebsten nehme ich dafür platte Zwiebeln, wenn ich sie bekommen kann. In einer heißen Grillpfanne röste ich die Zwiebeln auf der Schnittseite – ohne Fett. Und hole sie raus, wenn sie schwarzbraun sind.

2 Inzwischen bereite ich mein schönes Stück Roastbeef vor. Ich nehme etwas vom Fett ab, ritze das Fleisch dann mit einem sehr scharfen Messer über Kreuz ein wenig ein und salze es. Ich gebe etwas geklärte Butter in die Pfanne. Das Roastbeef brate ich in der heißen Pfanne von allen Seiten gut an, zuerst auf der Fettseite. Ich lege ein paar Zweige Thymian mit in die Pfanne und ein paar Kirschtomaten.

3 Ich heize den Ofen auf 180 Grad vor (Umluft 160 Grad, Gas Stufe 3–4) und stelle den Braten für 20 bis 30 Minuten hinein – je nachdem, wie blutig man das Roastbeef mag. Ich lasse den Braten dann noch etwas ruhen, damit der Saft beim Aufschneiden nicht gleich rausläuft.

4 Für die Béarnaise schneide ich eine Schalotte in ganz feine Würfelchen. In einer Kasserolle schmelze ich dann die Butter. Inzwischen schneide ich die Estragonblättchen (bitte den Estragon aus Frankreich mit dem intensiven Geschmack nehmen) ganz fein. In eine zweite Kasserolle gebe ich die Schalottenwürfel, streue Salz darüber, gieße den Weißweinessig an und gebe den Estragon mit hinein.

5 Ich reduziere die Flüssigkeit bei großer Hitze und schmecke dann ab: Wenn es zu sauer ist, füge ich noch einige Esslöffel Wasser dazu. Aber aufgepasst: Wenn man das Wasser zu früh dazugibt, bekommt man die Säure nicht mehr heraus! Ich lasse die Soße noch einmal aufkochen und ganz kurz reduzieren und nehme sie vom Feuer.

6 Ich schlage dann zwei ganz frische Eier auf und trenne sie. Die beiden Eigelb gebe ich in die schon etwas abgekühlte Schalottenreduktion. Bei kleiner Hitze schlage ich alles auf dem Herd mit dem Schneebesen so lange, bis eine schöne Creme entstanden ist – sie muss fast wie Mayonnaise aussehen. Dann gieße ich die geschmolzene Butter ganz langsam hinein, dabei rühre ich immer weiter mit dem Schneebesen. Voilà, nun muss ich nur noch mit Pfeffer aus der Mühle und Meersalz abschmecken.

FÜR 4 PERSONEN Foto links

3 Zwiebeln • 600 g Roastbeef • Salz • 2 EL geklärte Butter
• 3 Thymianzweige • 1 Zweig Kirschtomaten (6 Stück)
Sauce béarnaise: 1 Schalotte • 100 g Butter • 4 Estragonzweige
• Meersalz • 40 ml Weißweinessig • 2 Eier • Pfeffer

Schweinefilet mit Oliven und Tomaten

1 Ich brate das Schweinefilet rundherum in der heißen Butter an, dabei gebe ich Salz und Pfeffer aus der Mühle darüber.

2 Die Knoblauchzehe und den Thymian gebe ich dazu und brate das Fleisch weiter, dabei schöpfe ich die heiße Butter immer wieder mit einem Esslöffel über das Fleisch – insgesamt etwa 15 Minuten.

3 Inzwischen ziehe ich die kleine rote Zwiebel ab und würfele sie fein. Von den Tomaten flämme ich die Haut mit einem Bunsenbrenner ab (so bleiben sie besonders schön). Oder ich überbrühe sie mit kochendem Wasser und ziehe die Haut ab. Die Tomatenkerne hole ich heraus und schneide das Tomatenfleisch in feine Würfel.

4 Nun gebe ich die Zwiebelwürfel zum Fleisch in die Pfanne, die entsteinten und gewürfelten Oliven und die gewürfelten Tomaten. Ich lasse alles noch einmal richtig durchschmoren, schmecke mit Salz und Pfeffer ab und bringe das Filet am liebsten in der Pfanne auf den Tisch.

TIPP: Ganz wunderbar dazu sind die Kartoffeltürmchen von Seite 89.

FÜR 2 PERSONEN Foto oben

1 Schweinefilet (ca. 300 g) • 2 EL Butter • Meersalz • Pfeffer
• 2 Knoblauchzehen • 2 Thymianzweige • 1 rote Zwiebel
• 2 Tomaten • 10 schwarze Oliven • Pfeffer

»Das Beste am Roastbeef ist, dass der Braten warm, lauwarm und auch kalt herrlich schmeckt.«

Kaninchen im Bratschlauch *Seite 70*

Rouladen mit Gemüsefüllung *Seite 70*

Kaninchen im Bratschlauch

1 Die Kaninchenkeulen und die Filets schneide ich in Portionsstücke. Die Kaninchenkeulen befreie ich dafür vom Knochen und löse die Haut an der Seite ab, sonst knüllt sich das Fleisch.

2 In einer Pfanne erhitze ich das Öl, gebe ein bis zwei Zwiebeln, die ich geviertelt habe, und die zerdrückten Knoblauchzehen hinein. Außerdem die kleinen Zweige Rosmarin, den Thymian und das Lorbeerblatt. In dieser Mischung brate ich die Kaninchenstücke zuerst kräftig an und brate sie dann etwa fünf Minuten weiter, dabei wende ich sie immer mal wieder.

3 Ich lösche das Ganze mit einem guten Schuss trockenem Weißwein ab, gieße die Gemüsebrühe dazu und lasse alles leise köcheln, ungefähr 20 Minuten. Nach der Zeit gebe ich noch die Kirschtomaten, enthäutet, entkernt und geviertelt, mit hinein.

4 Inzwischen nehme ich eine neue Pfanne und erhitze etwas feines Olivenöl. Darin brate ich für jeden ein paar Zucchini-Scheiben an. Zum Entfetten lege ich die Scheiben auf Küchenpapier. Außerdem putze ich die kleinen Artischocken, die muss ich eventuell kurz blanchieren und halbieren. Auf jeden Fall brate ich sie in heißem Olivenöl, bei den jungen, feinen ist das Heu noch so zart, dass man es gern mitbraten kann.

5 Dann hebe ich das Fleisch heraus und stelle es auf einem Teller beiseite. Die Flüssigkeit gieße ich durch ein Sieb in eine andere Kasserolle ab, damit ich sie gut reduzieren kann. Eventuell muss ich etwas Fett abschöpfen, falls das Kaninchen nicht ganz mager war.

6 Die Kaninchenstücke sind so fertig gegart, sie sollen noch in den Bratschlauch – nicht zum Garen, zum Fertigstellen! Ich schneide viermal ein schönes Stück vom Bratschlauch ab und schneide es jeweils an der Seite auf, damit ich ein quadratisches Stück bekomme. Ein solches Bratschlauch-Quadrat lege ich über einen tiefen Teller, damit ich es perfekt dekorieren kann. Ich gebe jeweils acht der Zucchinischeiben hinein, darauf drapiere ich ein paar Kaninchenstücke, ein paar Kirschtomaten, Artischockenstücke und schwarze Oliven.

7 Ein feines Gericht ist immer wie ein Geschenk: Diesmal präsentieren wir es sogar so! Noch ein bisschen Soße darüberträufeln, mit Salz und Pfeffer aus der Mühle nachwürzen und zum Geschenk zubinden – mit einer hübschen Schleife aus Bratfolie. Ich stecke noch einen Zweig Rosmarin zur Dekoration in jedes Paket und gebe sie etwa 15 Minuten bei 180 bis 200 Grad in den heißen Ofen (Umluft 160 bis 180 Grad, Gas Stufe 3–4) – fertig und auf den Punkt gegart. Genießen Sie's, Ihre Gäste werden begeistert sein!

FÜR 4 PERSONEN *Foto Seite 68*

2 Kaninchenkeulen (à ca. 250 g) • 2 Kaninchenfilets (à ca. 150 g) • 2 EL Sonnenblumenöl • 1–2 Zwiebeln • 2 Knoblauchzehen • 4 Rosmarinzweige • ½ Bund Thymian • 1 Lorbeerblatt • 100 ml Weißwein (trocken) • 125 ml Gemüsefond • 8 Kirschtomaten • 3 EL Olivenöl • 1 Zucchini • 2 kleine Artischocken • 12 schwarze Oliven • Salz • Pfeffer

Rouladen mit Gemüsefüllung

1 Möhre und Sellerie putze ich, schneide sie in dicke Stifte und gare sie kurz in Salzwasser.

2 Die Rumpsteaks werden gesalzen, gepfeffert und mit Senf bestrichen. Auf jede Scheibe lege ich dann im Wechsel je zwei Stifte Sellerie und Möhre, so dass ein weiß-gelbes Muster entsteht. Ich rolle das Fleisch auf und umwickle die Rouladen mit Küchengarn.

3 Ich zerlasse die geklärte Butter in einem kleinen Bräter und brate die Rouladen darin an. Dann bestäube ich alles mit etwas Mehl, gebe die Knoblauchzehe, die halbierte Schalotte und einen schönen Zweig Thymian mit in die Pfanne und brate auch sie an. Ich lösche alles mit dem Hühnerfond ab, gebe einen Deckel drauf und lasse die Rouladen so 30 Minuten leise schmoren.

4 Nun ist das Fleisch butterzart, ich nehme es heraus, gieße die Soße durchs Haarsieb und montiere sie mit der eiskalten Butter. Ich schmecke nur noch mit Salz und Pfeffer ab – schnell und köstlich!

FÜR 4 PERSONEN *Foto Seite 69*

100 g Möhre • 100 g Knollensellerie • Salz • 4 Scheiben Rumpsteak (à 125 g) • Pfeffer • 2 EL Dijon-Senf • 2 EL geklärte Butter (oder Butterschmalz) • 2 TL Mehl • 1 Knoblauchzehe • 1 Schalotte • etwas Thymian • 300 ml Hühnerfond (Seite 38) • 30 g Butter **Beilage:** *Spätzle (Seite 89)*

Entenbrust mit Essig-Gemüse

1 Die Entenbrustfilets ritze ich auf der Hautseite rautenförmig ein. Ich lasse den Ahornsirup in einer Pfanne aufkochen. Darin brate ich die Entenbrust an, zuerst auf der Hautseite. Ich wende das Fleisch und brate die andere Seite – bei kleiner Hitze, damit der Sirup nicht verbrennt. Beim Braten beträufele ich die Entenbrust zusätzlich immer wieder mit dem flüssigen Ahornsirup. Dann gebe ich Salz und Pfeffer aufs Fleisch.

2 Den Backofen heize ich auf 140 Grad (Umluft 120 Grad, Gas Stufe 2). Das angebratene Fleisch lege ich auf eine Platte und lasse es im Ofen zehn Minuten lang gar ziehen.

3 Inzwischen wasche ich das Minigemüse, putze es, lasse es nur eine Minute sprudelnd in Salzwasser kochen und schrecke es sofort mit Eiswasser ab. Ich zerlasse einen Esslöffel von der Butter und brate die gebrannten Mandeln (wie Sie sie vom Jahrmarkt kennen) darin an. Ich gebe das abgetropfte Gemüse hinein und dünste es mit an. Dann gieße ich den Essig dazu und lasse alles kurz aufkochen. Ich schmecke mit Salz ab, nehme das Gemüse heraus und koche den Sud auf. So binde ich ihn mit der restlichen eiskalten Butter und schmecke mit Salz ab.

4 Das Minigemüse und die Entenbrustfilets, die ich in Scheiben schneide, richte ich auf vorgewärmten Tellern an, dekoriere mit ein paar Salbeiblättchen und nappiere alles mit der feinen Soße. Voilà!

FÜR 3 PERSONEN *Foto rechts*

2 Entenbrustfilets mit Haut (à ca. 250 g) • 4 EL Ahornsirup • Salz • Pfeffer • 4 Salbeiblättchen **Essig-Gemüse:** *500 g Minigemüse (Zucchini, Möhren, Sellerie) • Salz • 3 EL Butter • 30 g gebrannte Mandeln (fertig gekauft) • 3–4 EL Melfor-Essig (oder Apfel-Essig)*

»Eine Soße muss
kräftig einkochen.
Je mehr ich sie redu-
ziere, desto intensiver
ist ihr Geschmack.«

Schweinebraten mit Mirabellen

1 Den schieren Schweinenacken reibe ich mit dem grob gestoßenen Pfeffer ein. Dann reibe ich die Schale der Bio-Zitrone und der Bio-Orange ab und drücke sie rundherum auf dem Fleisch fest. Die Zitrone und die Orange halbiere ich quer und schneide jeweils aus der Mitte zwei Scheiben ab. Aufs Fleisch damit! Den Saft presse ich aus den Früchten und träufele ihn über den Braten, es darf nicht zu viel Zitrone sein.

2 Nun putze ich Knollensellerie, Möhre, Zwiebel und Knoblauchzehen. Das geputzte Gemüse schneide ich klein und gebe es über den Schweinebraten, dazu noch einige Zweige Thymian und die Lorbeerblätter. Alles soll über Nacht gut durchziehen, deshalb decke ich Frischhaltefolie darüber und stelle es so in den Kühlschrank. Bitte keinesfalls salzen, sonst wird das Fleisch gepökelt!

3 Vorm Zubereiten nehme ich Gemüse und Früchte vom Fleisch und lasse es auf einem Sieb abtropfen. Dabei fange ich den Saft auf und stelle Gemüse und Saft beiseite. Ich tupfe den Braten trocken und salze ihn.

4 In einer Pfanne zerlasse ich die geklärte Butter und brate darin das Fleisch rundherum kräftig an. So kommt es in einen Bräter, ich gebe noch ein paar Flocken Butter obendrauf. Den Bräter schiebe ich nun mit geschlossenem Deckel für anderthalb Stunden in den Ofen, den ich auf 180 Grad vorgeheizt habe (Umluft 160 Grad, Gas Stufe 3–4). Während des Bratens übergieße ich das Fleisch immer mal wieder mit der Flüssigkeit aus dem Bräter.

5 In derselben Pfanne wird nun das Gemüse sautiert, anschließend gieße ich den Marinade-Saft dazu. Nach den anderthalb Stunden gebe ich das Gemüse zum Fleisch und lösche mit gutem Weißwein ab. Ich schalte den Backofen auf 160 Grad zurück (Umluft 140 Grad, Gas Stufe 3) und lasse alles für 45 Minuten weiterbraten. Dann ist das Fleisch gar, ich lege es auf einen Rost und lasse es bei offener Backofentür noch eine Viertelstunde im Ofen ruhen (Teller unterstellen!) – das macht den Braten schön zart. Jetzt salze ich mit Meersalz.

6 In das Gemüse gebe ich drei Esslöffel Balsamico und passiere alles durchs Sieb in eine Kasserolle. Mit Pfeffer, Salz und etwas Zucker abschmecken – fertig ist eine kleine perfekte Soße. Wer mag, kann einen Hauch fein geriebenen Ingwer dazugeben.

7 Jetzt zu den Mirabellen: Sie werden entkernt und halbiert. In einer kleinen Pfanne bringe ich eine gute Nuss Butter zum Schäumen und gebe den Zucker hinein. Umrühren und etwas karamellisieren lassen. Dann gebe ich die Mirabellen in einem Schwung dazu und sautiere sie. Noch eine Prise Salz und zwei schöne Zweige frischen Rosmarin hinein und bis zum Servieren ziehen lassen.

8 Voilà, ich gieße nun die Mirabellen ab und fange den Saft auf. Ich dekoriere einige Mirabellen auf einen schönen Teller, schneide das Fleisch auf und lege es in die Mitte. Dann gebe ich noch Pfeffer aus der Mühle und etwas Meersalz darüber, dekoriere eventuell ein paar konfierte Knoblauchzehen dazu und träufele ein bisschen von der kleinen Marinaden-Soße auf die Teller. Bon appétit!

FÜR 4 PERSONEN *Foto links*

1 kg Schweinenacken (ohne Knochen) • ½ TL Pfeffer • 1 Bio-Zitrone • 1 Bio-Orange • 80 g Knollensellerie • 80 g Möhre • 80 g Zwiebel • 4–5 Knoblauchzehen • 2–3 Thymianzweige • 3 Lorbeerblätter • Salz • 30 g geklärte Butter • 30 g Butter • 300 ml Weißwein • Meersalz • 3 EL Balsamico • Pfeffer • etwas Zucker • evtl. etwas Ingwer
Mirabellen: *300 g Mirabellen • 30 g Butter • 2 EL Zucker • Salz • 2 Rosmarinzweige • Pfeffer • Meersalz • evtl. Knoblauch (konfiert)*

»Planen Sie Zeit ein: Ich mariniere den Braten über Nacht!«

Hähnchenbrust mit feiner Steinpilzsoße

1 Für die Soße weiche ich die Steinpilze in warmem Wasser ein. Inzwischen bürste ich die Champignons, schneide die Stielenden ab und schneide sie klein. Die Schalotte ziehe ich ab und schneide sie – wie immer mit Liebe – in feine Würfelchen.
2 Ich erhitze einen Esslöffel von der Butter in einer Kasserolle und dünste die Schalottenwürfelchen und die Champginons darin an. Ich gieße den Hühnerfond an, außerdem die Steinpilze mit ihrer Einweichflüssigkeit und die Sahne. Das alles lasse ich 20 Minuten kochen.
3 Die Pilzsoße püriere ich dann im Mixer fein und passiere sie zusätzlich durchs Haarsieb. Zum Schluss rühre ich die restliche kalte Butter unter die Soße und schmecke mit Salz und Pfeffer ab. Voilà.
4 Die Hähnchenbrüste salze ich und brate sie in einer ofenfesten Pfanne in Butter von beiden Seiten an. Eventuell portionsweise, wenn die Größe der Pfanne nicht reicht.
5 Inzwischen heize ich den Ofen auf 180 Grad vor (Umluft 160 Grad, Gas Stufe 3–4). Das Fleisch stelle ich in der Pfanne (oder im Bräter oder auf der Fettpfanne des Backofens) in den Backofen und lasse es noch 20 Minuten nachziehen. Auf heißen Tellern richte ich die Hähnchenbrüste mit der wundervollen Soße an.

TIPP: Perfekt dazu sind die Champignon-Tarteletts (rechts).

FÜR 6 PERSONEN Foto oben

6 Hähnchenbrüste mit Flügelansatz • Salz • 40 g Butter
Pilzsoße: 10 g getrocknete Steinpilze • 250 g Champignons
• 1 Schalotte • 2 EL Butter • ½ l Hühnerfond (Seite 38)
• 100 g Sahne • Salz • Pfeffer

Champignon-Tarteletts

1 Die Blätterteig-Scheiben lasse ich auf wenig Mehl nebeneinander auftauen. Danach rolle ich sie etwas größer aus und steche aus jeder Scheibe zwei Taler von etwa zehn Zentimetern aus. Inzwischen heize ich den Backofen auf 225 Grad vor (Umluft 200 Grad, Gas Stufe 5).
2 Ich putze die weißen Champignons, lasse 125 Milliliter Salzwasser aufkochen, blanchiere sie zwei Minuten darin und gieße sie ab. Ich lasse noch mal die gleich Menge Salzwasser aufkochen und die geputzten Zuckerschoten darin eine halbe Minute sprudelnd kochen. Ich schrecke sie sofort in Eiswasser ab und halbiere sie dann schräg.
3 Nun putze ich die braunen Champignons und hacke sie sehr fein. Die geputzten Schalotten würfele ich ebenfalls sehr fein und dünste sie in der heißen Butter glasig. Ich gebe die gehackten Champignons dazu und schmore sie etwa 20 Minuten, dabei rühre ich alles immer wieder um. Ich gieße die Sahne zu und lasse die Pilze weiterschmoren, bis die Flüssigkeit fast verdampft ist. Jetzt hebe ich auch die gewaschenen und fein gehackten Petersilienblätter unter meine Pilzfarce.
4 Inzwischen backe ich den Blätterteig in Backofen goldgelb – das dauert etwa zehn Minuten.
5 Die Pilzfarce (Duxelles) schmecke ich mit Salz und Pfeffer ab und gebe sie auf die Blätterteigtaler. Die kleinen weißen Champignons und die Zuckerschoten dekoriere ich darauf.

FÜR 6 PERSONEN Foto oben

3 Scheiben Blätterteig (150 g) • 200 g kleine weiße Champignons
• Salz • 100 g Zuckerschoten • 250 g braune Champignons
• 2 Schalotten • 2 EL Butter • 100 g Sahne • 1 Bund glatte Petersilie • Pfeffer

Schinkensalat *Seite 76*

Partysteak –
Rib-Eye vom Grill *Seite 77*

Kalbsragout mit Morcheln *Seite 76*

Schinkensalat

1 Ich putze die Blattsalate, wasche sie und schleudere sie trocken. Die Salatblätter zupfe ich dann in mundgerechte Stücke. Die Kirschtomaten wasche ich ab und halbiere sie. Das Ei koche ich hart, das dauert wie üblich zehn Minuten.

2 Den Schinken, den Salat und die Tomaten drapiere ich auf Portionsplatten. Das Ei wird gepellt, klein gehackt und über den Salat gestreut.

3 Aus Essig, Senf, einer kleinen fein gewürfelten Schalotte, Meersalz, Piment d'Espelette und dem Öl rühre ich eine feine Vinaigrette. Ich träufele sie über den Salat und dekoriere das Ganze mit fein geschnittenen Schnittlauchröllchen. Dazu gibt es bei uns in Luxemburg selbst gemachte Pommes. Herrlich!

FÜR 2 PERSONEN *Foto Seite 74*

100 g gekochter Schinken und 100 g roher Schinken (beides dünn geschnitten)
Salat: z.B. Eichblattsalat, Radicchio, Lollo bianco, Feldsalat
• 100 g Kirschtomaten • 1 Ei
Vinaigrette: 2 EL Sherry-Essig • 1 EL Dijon-Senf • 1 Schalotte
• Meersalz • etwas Piment d'Espelette • 2 EL Traubenkernöl
• etwas Schnittlauch

»Der Schinkensalat mit Pommes ist ein typisch luxemburgisches Essen!«

Kalbsragout mit Morcheln

1 Das Kalbfleisch schneide ich in vier Zentimeter große Würfel und dünste es in der geklärten Butter in einer Cocotte, einer Pfanne oder einem kleinen Bräter an. Ich würze mit Salz und Pfeffer, gieße die Hühnerbrühe (oder zur Not Wasser) dazu. So schmort das Fleisch bei geschlossenem Topf 20 Minuten.

2 Inzwischen putze ich die Morcheln. Ich ziehe die Zwiebeln ab, schneide sie fein und dünste sie in der heißen Butter glasig. Ich gebe die Morcheln hinein und dünste sie mit an. Dann gieße ich Sahne, Sherry und Madeira dazu und gebe ein kleines Sträußchen Thymian mit in den Bräter.

3 Zum Schluss gebe ich das Morchelgemüse zum geschmorten Fleisch, verrühre alles und muss nur noch mit Salz und Pfeffer abschmecken. Ein Genuss!

TIPP: Morcheln gibt es im Frühsommer nur eine begrenzte Zeit. Wenn Sie keine frischen bekommen, können Sie natürlich getrocknete nehmen, aber die sind ziemlich teuer. Weichen Sie also ruhig auf andere frische Pilze aus – das Ragout schmeckt auch dann vorzüglich.

FÜR 2–3 PERSONEN *Foto Seite 75*

500 g Kalbfleisch aus der Keule • 2 EL geklärte Butter (oder Butterschmalz) • Salz • Pfeffer • 200 ml Hühnerfond (Seite 38)
• 200 g frische Morcheln oder andere Pilze (z.B. Champignons, Austernpilze, Pfifferlinge) • 2 kleine Zwiebeln • 2 EL Butter
• 100 g Sahne • 50 ml Sherry (am besten medium) • 50 ml Madeira • 1 Sträußchen Thymian

Im »Pavillon Madeleine« in Kayl ist die Atmosphäre leger. Hier bringt Leas Team eine leichte, moderne Küche auf den Tisch – auch den Schinkensalat mit Pommes frites.

Lammstelzen in
Knoblauch-Zwiebel-Soße

1 Die Lammstelzen wasche ich kurz ab und tupfe sie mit Küchenpapier trocken. Überflüssiges Fett und Sehnen schneide ich mit einem scharfen Küchenmesser ab. Ich salze und pfeffere die Lammstelzen.
2 Ich brauche nun ordentlich frischen Knoblauch: eine ganze Knolle. Die putze ich, ziehe also die Haut von den Knoblauchzehen. Die Zwiebeln ziehe ich ab, putze die Möhren und den Knollensellerie und schneide das Gemüse in schöne feine Würfel.
3 Nun zerlasse ich die geklärte Butter in einem gusseisernen Bräter und brate das Fleisch darin gut an. Ich gebe die Gemüsewürfel und die Knoblauchzehen dazu und brate sie an. Dann gebe ich klein geschnittene Tomaten, Tomatenmark und Thymianzweige hinein. Ich gieße etwa anderthalb Liter Geflügelfond an und bringe alles zum Kochen.
4 Inzwischen schäle ich die Kartoffel und schneide sie in etwa zwei Zentimeter große Würfel. Die Kartoffelwürfel kommen mit in den Topf – so, nun lasse ich das Ganze etwa anderthalb Stunden sanft köcheln.
5 Ist das Fleisch schön mürbe, hole ich es aus dem Topf und stelle es gut abgedeckt im vorgeheizten Backofen bei etwa 100 Grad warm. Von der Soße schöpfe ich das Fett ab, püriere Soße und Gemüse mit dem Stabmixer und passiere die Soße dann durchs Haarsieb.
6 Für die Beilage schäle ich die Kartoffeln und tourniere sie, schneide sie also in eine schöne Form. Sie werden in der Soße weich gekocht. Inzwischen schäle ich vier kleine Zwiebeln, halbiere sie und drittele die Hälften. In einem Esslöffel Butter brate ich sie an und gare sie danach ebenfalls in der Lammsoße.
7 Zum Schluss montiere ich die Soße noch mit ein wenig kalter Butter, schmecke mit Salz und Pfeffer aus der Mühle ab und gebe etwas gehackten Rosmarin, Majoran und platte Petersilie dazu, die ich in feine Streifen geschnitten habe. Genießen Sie diesen schönen Eintopf.

FÜR 4 PERSONEN *Foto oben*

4 Lammstelzen (à ca. 400 g) • Salz • Pfeffer • 1 Knoblauchknolle • 3 Zwiebeln • 2 Möhren • 50 g Knollensellerie • 2 EL geklärte Butter • 3 Tomaten • 1 EL Tomatenmark • 2 Thymianzweige • 1,5 l Hühnerfond (Seite 38) • 1 Kartoffel (mehligkochend)
Beilage: *12 Kartoffeln (festkochend) • 4 Zwiebeln • 2 EL Butter • 1 TL Rosmarinnadeln • 2 Majoranzweige • ½ Bund platte Petersilie*

Partysteak – Rib-Eye vom Grill

1 Zunächst mache ich das Knoblauchöl, das ich auch für meine Lammchops brauche.
2 Ich ziehe dann vier Rosmarinzweige durch das Fleisch: Zuerst salze ich es und gebe Pfeffer aus der Mühle darüber. Die vier Zweige gebe ich jeweils in eine Spicknadel und ziehe sie durch das Fleischstück. Am besten ist's, wenn man sie durch die fettige Maserung zieht, weil sie so am meisten Geschmack abgeben.
3 Nun bestreiche ich das Fleisch mit dem Knoblauchöl und würze es mit Salz und Pfeffer. Ich lege es aufs Grillrost vom Kugelgrill und brate es bei größter Hitze an. Ich reduziere die Hitze und lasse das Fleisch bei geschlossenem Grill etwa eine Stunde braten. Zwischendurch lege ich noch ein paar Rosmarinzweige darauf und setze immer wieder ein paar Butterflöckchen auf das schöne Stück Fleisch. Bon appétit!

TIPP: Es geht natürlich auch ohne Grill: Dann braten Sie das Rib-Eye-Steak rundherum in der Pfanne an und garen es im heißen Backofen bei 180 Grad (Umluft 160 Grad, Gas Stufe 3–4).

FÜR 8 PERSONEN *Foto Seite 74*

2 EL Knoblauchöl (Seite 109) • 1 Bund Rosmarin • 1 Rib-Eye-Steak vom Rind (ca. 1,8 kg) • Meersalz • Pfeffer • 100 g Butter

> *»Hier kommt es auch sehr auf die Qualität von Salz und Pfeffer an.«*

Stubenküken *Seite 80*

Kalbsfilet mit Rösti und
Mini-Pak-Choi *Seite 80*

Stubenküken mit Kartoffelchips und Spinatsalat

1 Zuerst bereite ich die Kartoffelchips zu. Dafür heize ich den Backofen auf 220 Grad vor (Umluft 200 Grad, Gas Stufe 5). Inzwischen schäle ich die Kartoffeln und schneide sie mit dem Gurkenhobel in möglichst dünne Scheiben. Ich wasche sie kurz in kaltem Wasser, damit sich die Stärke löst, und breite die Scheiben nebeneinander zum Trocknen auf Küchenpapier aus.

2 Nun lege ich ein großes Backblech mit Backpapier aus, darauf kommen die Kartoffelscheiben. Ich gebe ordentlich Meersalz und etwas geklärte Butter darüber und vermische alles. Noch schnell einen Zweig Rosmarin mit aufs Blech. Voilà, so werden die Kartoffeln schön! Die Rosmarin-Kartoffelchips brauchen ungefähr 20 Minuten im Ofen, um gar und knusprig zu werden.

3 Nun zum Geflügel: Die Stubenküken lege ich auf ein Backblech und ziehe dicke Federkiele, die vielleicht noch drinstecken, heraus. Mit einem Bunsenbrenner brenne ich die restlichen zarten Kiele ab, so wird das Geflügel perfekt. Dann reibe ich die Küken mit einem Küchentuch sauber. Mit einer scharfen Geflügelschere schneide ich das Rückgrat heraus und breite die Küken platt aus.

4 Ich bestreiche die Stubenküken dann mit Butter, gebe Salz und Pfeffer aus der Mühle darüber und lege ihnen je eine große enthäutete Knoblauchzehe in den Bauch und einen Thymianzeig. Wer mag, kann auch noch etwas Senf aufstreichen. Mit der Hautseite nach oben kommen die Küken jetzt für 15 Minuten in den Backofen, am besten bei 200 Grad Umluft (sonst 220 Grad, Gas Stufe 5). Anschließend gebe ich sie noch zehn Minuten bei 220 Grad Umluft unter den Grill. Dann sind die Küken knusprig zart.

5 Dazu mache ich gern ein bisschen Spinatsalat: Den feinen frischen Spinat wasche ich ganz kurz und nehme die groben Stängel ab. Ich schleudere ihn trocken und bereite eine kleine Vinaigrette aus feinstem Olivenöl, Zitronensaft, Salz und Pfeffer. Genießen Sie's!

TIPP: Schön ist es auch, ein paar Kirschtomaten und einige Zehen ungeschälten Knoblauch mit aufs Blech zu geben. Aber aufgepasst: Die Tomaten müssen schon eher wieder aus dem heißen Ofen!

FÜR 2 PERSONEN *Foto Seite 78*

2 Stubenküken (à ca. 350 g) • 1 EL Butter • Salz • Pfeffer
• 2 Knoblauchzehen • 2 Thymianzweige • evtl. etwas Dijon-Senf
Kartoffelchips: *3 große Kartoffeln • Meersalz • 2 EL geklärte Butter • 1 Rosmarinzweig*
Spinatsalat: *200 g Spinat • 1 EL Olivenöl • 3 TL Zitronensaft*
• Meersalz • Pfeffer

Kalbsfilet mit Rösti und Mini-Pak-Choi

1 Zuerst muss ich das schöne Filet parieren: Ich schneide alles verbliebene Fett ab, bestreiche das Filet mit Öl und brate es auf dem Grill oder in der heißen Grillpfanne rundherum schön braun.

2 Das angebratene Kalbsfilet wird nun auf Dampf gegart. Dafür lege ich ein großes Stück Frischhaltefolie auf die Arbeitsfläche und bestreiche es mit etwas Öl. Ich reibe dann die Schale von der halben Zitrone und der halben Limette ab und verteile die Schale auf der Folie. Außerdem mache ich eine Mischung aus vier verschiedenen Pfeffern (weiß, schwarz, rot, grün) und zerstoße die Körner im Mörser. Den Pfeffer und eine gute Menge Meersalz gebe ich ebenfalls auf die Frischhaltefolie. Dann lege ich das Filet darauf und rolle es gut ein. Aufgepasst: Ich rolle das Fleisch mehrmals in die Frischhaltefolie, so dass mehrere Folienschichten übereinanderliegen, und verschließe dann die Enden mit einem festen Knoten. Voilà.

3 Das Filet wird nun gedämpft. Das eingewickelte Fleisch lege ich für zwölf Minuten bei 90 Grad in den Dampfgarer, auf den untersten Rost. Es geht natürlich auch wie üblich mit einem Dämpfeinsatz im Topf – dann das Fleisch aber bitte nur neun Minuten drinlassen!

4 Der wundervolle Braten ruht anschließend mindestens fünf Minuten im Backofen, den ich auf nur 60 Grad vorgeheizt habe. Das Beste: Es schadet dem Kalbsfilet überhaupt nicht, wenn es bei der Temperatur länger warm gehalten wird. So kommt man beim Zubereiten der Beilagen nicht ins Schwitzen!

5 Gern mache ich dazu Kartoffelrösti. Dafür schäle ich pro Person zwei mittelgroße Kartoffeln und reibe sie mit der groben Seite der Reibe. Das Wichtigste ist, die roh geriebenen Kartoffeln ganz fest auszudrücken. Dann gebe ich Salz und Pfeffer aus der Mühle dazu, erhitze Öl in der Pfanne und gebe die geriebenen Kartoffeln hinein. Die Rösti brate ich auf einer Seite richtig braun. Erst dann wende ich sie und brate auch die zweite Seite.

6 Als Gemüsebeilage nehme ich Mini-Pak-Choi, die ich für drei Minuten in sprudelndem Salzwasser koche und sofort in Eiswasser abschrecke, damit sie schön grün bleiben. Die blanchierten Pak-Choi schwenke ich in einer kleinen Beurre blanc: Dafür schneide ich zwei kleine Schalotten in feine Würfel, dünste sie in einer guten Nuss Butter (20 Gramm) an und gebe dann den trockenen Weißwein dazu. Ich lasse alles einkochen und rühre dann die restliche kalte Butter in Flöckchen unter.

7 Zum Fleisch reduziere ich gern noch einen schönen Kalbsfond. Die Rösti wird in Tortenstücke geschnitten, mit dem Pak-Choi und Scheiben vom Filet auf dem Teller angerichtet. Das wäre zum Beispiel auch ein Hauptgang fürs Weihnachtsmenü – bon appétit!

FÜR 4 PERSONEN *Foto Seite 79*

1 kg Kalbsfilet • 2 EL Sonnenblumenöl • ½ Bio-Zitrone
• ½ Bio-Limette • 2 TL Pfeffermischung (schwarz, weiß, rot, grün)
• Meersalz • evtl. Kalbsfond
Rösti: *8 Kartoffeln (ca. 500 g) • Salz • Pfeffer • 2 EL Sonnenblumenöl*
Gemüsebeilage: *8 Mini-Pak-Choi • 2 Schalotten • 80 g Butter*
• 100 ml Weißwein

Zitronenhuhn mit scharfer Salsa

1 Das Hühnchen wird gewaschen, gut mit Küchenpapier abgetrocknet, und dann trenne ich das Rückgrat heraus. In der losen Haut an der Seite stecke ich die Schenkel fest, dazwischen kommt eine Zimtstange. Mein plattes Huhn bepinsele ich dann mit neutralem Öl, salze es und gebe auf beiden Seiten Pfeffer aus der Mühle darüber.

2 So lege ich das Hühnchen auf den heißen Grill, zuerst mit der Hautseite nach unten. Ich streue einen Esslöffel Garam masala darauf, das indische Gewürz passt perfekt. Falls sich das Hähnchen wölbt, drücke ich es einfach mit einer Pfanne platt. Ich halbiere noch eine Zitrone und drücke die eine Hälfte über dem Masala-Huhn aus.

3 Dann gebe ich Öl auf ein Backblech und lege mein angegrilltes Hühnchen mit der Hautseite (Grillseite) nach oben auf das Backblech. Ich reibe die Schale von je einer halben Zitrone und einer halben Limette darüber, die sollten am liebsten natürlich unbehandelt in Bio-Qualität sein. Außerdem gebe ich Pfeffer aus der Mühle und Salz darauf und nochmals ordentlich Garam masala.

4 Ich träufele den Saft der zweiten Zitronenhälfte darauf und schneide die ausgedrückte Zitrone dann in Scheiben. Diese Scheiben lege ich auf das Huhn, damit es nicht verbrennt. Zum Schluss gebe ich feinstes natives Olivenöl aufs Hühnchen und schiebe alles für eine gute halbe Stunde in den Ofen, den ich auf 180 Grad vorgeheizt habe (Umluft 160 Grad, Gas Stufe 3–4).

5 Inzwischen bereite ich die Salsa zu: Mit einem scharfen Messer schäle ich die Paprikaschote und würfele das Paprikafleisch fein. Ich nehme zwei große reife Roma-Tomaten, die ich enthäute und entkerne. Das Tomatenfleisch schneide ich in kleine Würfel. Die rote Zwiebel wird abgezogen und ebenfalls in kleine Würfelchen geschnitten. Eine kleine rote Chilischote befreie ich von den Kernen und würfele sie fein (wegen der Schärfe mit Gummihandschuhen arbeiten).

6 Ich nehme dann Koriander und glatte Petersilie, zupfe die Blättchen ab und schneide sie fein. Nun vermische ich die Gemüsewürfelchen mit den Kräutern. Die Limette spüle ich heiß ab und reibe die Schale

mit hinein. Dann presse ich den Saft aus und gebe ihn dazu, auch ein bisschen Salz und einen guten Esslöffel feinstes Olivenöl. Die Salsa soll ordentlich scharf sein, eventuell gebe ich noch mehr Chiliwürfelchen hinein oder würze zur Not mit Chilipulver nach.

7 Für die Gemüsebeilage schneide ich eine Zucchini längs in dünne Scheiben, träufele etwas Olivenöl drauf und gebe sie kurz auf den heißen Grill, ebenso eine große weiße Zwiebel (quer halbiert) und vier Tomaten am Strauch.

8 Das fertige Maishühnchen lege ich auf eine Platte und drapiere das gegrillte Gemüse dazu. Zum Geflügel reiche ich die scharfe Salsa und knuspriges Baguette. Das Huhn schmeckt am besten warm, man kann es aber auch kalt genießen. Bon appétit!

TIPP: Ein schönes Maishuhn bzw. Hähnchen (rund 1,1 kg schwer) passt genau für zwei Personen. Wenn es im Rahmen eines Menüs serviert wird, geht es auch für vier.

FÜR 2 PERSONEN Foto links

1 Maishuhn oder -hähnchen (ca. 1,1 kg) • 1 Zimtstange • 1–2 TL Öl (z.B. Erdnussöl) • Salz • Pfeffer • 1½ EL Garam masala • 1 Bio-Zitrone • 1 Bio-Limette • 1 EL Olivenöl
Salsa: 1 rote Paprikaschote • 2–3 Roma-Tomaten • 1 rote Zwiebel • 1 rote Chilischote • ½ Bund Koriander • 3–4 Stängel glatte Petersilie • 1 Bio-Limette • Salz • 1 EL Olivenöl • evtl. etwas Chilipulver
Gemüsebeilage: 1 Zucchini • 1 EL Olivenöl • 1–2 weiße Zwiebeln • 4 Strauchtomaten

»Mit einer scharfen Geflügelschere schneide ich das Rückgrat heraus und breite das Geflügel platt aus. Das ist der Trick: So gart Geflügel schneller und gleichmäßiger, weil kein Hohlraum mehr da ist.«

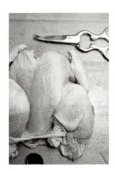

So eine Ferkel-
keule braucht
Zeit: Lea legt
sie 24 Stunden
in einer Würz-
mischung ein
und schmort sie
dann drei Stun-
den im Ofen.

Alles muss sitzen: Restaurant-Direktor Frederik Royer rückt die Krawatte von Kellner Gabriel Maillard zurecht.

Ferkelkeule auf Kraut

1 Ich nehme eine ganze Ferkelkeule und lasse vom Fleischer das Gelenkstück entfernen. Die Keule lege ich am liebsten im Ganzen ein und gare sie in einem Stück, Sie können sie aber auch in größere Fleischstücke zerteilen, dann geht's schneller. Egal, das Fleisch wird zuerst gut mit Pfeffer aus der Mühle gewürzt. Ich schneide dann fünf Schalotten in dünne Ringe, zupfe die Blättchen von einem halben Bund Thymian und nehme acht Lorbeerblätter. Das alles vermische ich gut mit dem groben Meersalz und gebe diese Würzmischung auf die Ferkelkeule. Am besten schmeckt das Ferkelfleisch, wenn es nun 24 Stunden in diesem Salz ruht.

2 Auch das Sauerkraut soll von bester Qualität sein, ich nehme rohes Bio-Sauerkraut. Das wasche ich, damit die Hefe von der Gärung rausgeht, und lasse es gut abtropfen.

3 Inzwischen ziehe ich die großen Zwiebeln ab, schneide sie in feine Würfelchen und dünste sie in einem großen Bräter in Butter oder Gänseschmalz an. Nun kommt das Sauerkraut dazu, ich rühre einmal gut um und dünste es kurz mit an. Dann gieße ich den guten, nicht zu trockenen Weißwein und den Hühnerfond (oder Wasser) dazu.

4 Jetzt befreie ich die Ferkelkeule von der Salzmischung und lege die Keule auf das Sauerkraut in den Bräter. Ich gebe noch die geschälten Knoblauchzehen, die Wacholderbeeren und die Nelke mit hinein und natürlich ein Bouquet garni. Dafür wickle ich den Thymian und die Lorbeerblätter in das längs halbierte Porreestück und binde alles mit Küchengarn zusammen. Ich lege den Deckel auf den Bräter und lasse nun alles bei 180 Grad (Umluft 160 Grad, Gas Stufe 3–4) schön langsam im Ofen garen, das dauert etwa drei Stunden.

5 Zum Schluss schäle ich die kleinen Kartöffelchen und gare sie am liebsten im Dämpfeinsatz, das dauert knapp 20 Minuten. Ich schwenke sie nur in einer kleinen Schale in etwas Butter. Noch etwas gehackte Petersilie darüber – fertig. Bon appétit!

FÜR 6 PERSONEN Foto links

1 Ferkelkeule (ca. 2 kg) • Pfeffer • 5 Schalotten
• ½ Bund Thymian • 8 Lorbeerblätter • 400 g grobes Meersalz
Sauerkraut: 2 kg Bio-Sauerkraut • 2–3 Zwiebeln • 30 g Butter
(oder Gänseschmalz) • ½ l Weißwein (nicht zu trocken)
• 200 ml Hühnerfond (Seite 38) oder Wasser • 2 Knoblauchzehen
• 8 Wacholderbeeren • 1 Nelke • 1 Bouquet garni
(1 Bund Thymian, 2 Lorbeerblätter, 1 Stück Porree)
Beilage: 1 kg kleine Kartoffeln • 2 EL Butter
• etwas glatte Petersilie

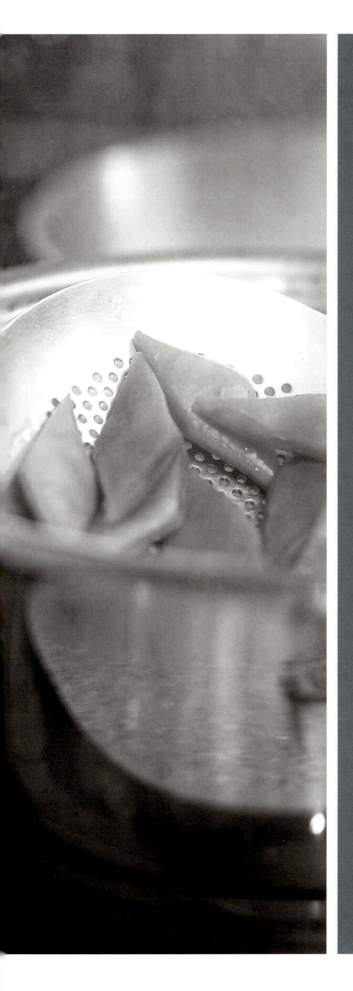

GEMÜSE, SALATE & PASTA

»Ich bin heute sehr dankbar, dass ich schon als Kind die Gelegenheit hatte, jeden einzelnen Urgeschmack in meinem Kopf zu speichern. Zum Beispiel, wie eine Karotte schmeckt, die gerade aus dem Beet gezogen wird, oder Johannisbeeren, frisch vom Busch gepflückt. Das sind Erfahrungen von unschätzbarem Wert. Ich habe mich auch für die tollen Farben vom Gemüse begeistert, die versuche ich beim Kochen immer zu erhalten. Und ich bleibe dem ursprünglichen Geschmack beim Kochen und Genießen ganz bewusst treu!«

Couscous-Salat *Seite 89*

Kräuter-Risotto mit weißem Spargel
und Kräuterseitlingen *Seite 89*

»Kartoffeln sind ein ganz
wunderbarer Genuss! Deshalb
suche ich nach immer neuen
Varianten, sie zuzubereiten.«

Couscous-Salat

1 Zuerst koche ich den Knoblauch und den Thymian in 500 Milliliter Salzwasser auf und fische sie wieder aus dem Wasser. Nun gebe ich den Couscous hinein und lasse ihn fünf Minuten darin quellen.

2 Inzwischen putze ich alles Gemüse und schneide es in feine Würfel.

3 Die Orange schäle ich dick (die weiße Haut muss mit runter), dann löse ich die Orangenfilets mit einem kleinen scharfen Messer aus den Trennwänden. Die Filets schneide ich in feine Würfelchen.

4 Ich wasche die Limette heiß ab, trockne sie mit Küchenpapier und ziehe die Schale mit einem Zestenreißer ab.

5 Ich hebe das Gemüse, die Orangenfilets und die Limettenschale unter das Couscous und schmecke noch mit Limetten- und Grapefruitsaft ab und mit Salz. Zum Schluss ziehe ich etwas Melfor, das Olivenöl und die fein geschnittenen Kräuter darunter. Fertig und wunderbar!

FÜR 4 PERSONEN Foto Seite 86

2 Knoblauchzehen • 1 Bund Thymian • Meersalz
• 250 g Couscous • je ½ rote, gelbe und grüne Paprikaschote
• 2 Tomaten • 1 rote Zwiebel • 1 Orange • 1 Bio-Limette
• ½ Grapefruit • 3 EL Melfor-Essig (oder Weißweinessig)
• 3–4 EL Olivenöl • ½ Bund Basilikum • ½ Bund Koriander

Kräuter-Risotto mit weißem Spargel und Kräuterseitlingen

1 Ich wasche die Kräuter und den Spinat und blanchiere sie mit den Stängeln etwa zwei Minuten in sprudelndem Salzwasser. Ich gieße sie ab, fange dabei das Kochwasser in einer Schüssel auf. Die blanchierten Kräuter schrecke ich dann sofort in gesalzenem Eiswasser ab.

2 Die Kräuter und den Spinat püriere ich zusammen mit etwas von der Kochflüssigkeit im Mixer fein und passiere sie durch ein Sieb. Die Konsistenz soll dann wie eine Soße sein.

3 Die Zwiebel schneide ich in kleine Würfelchen und dünste sie in 20 Gramm Butter an. Ich gebe den Risotto-Reis dazu und dünste ihn glasig. Ich lösche mit dem trockenen Wein ab und gieße nach und nach den Hühnerfond an, er soll immer wieder verkochen.

4 Wenn der Risotto-Reis gar ist – er soll noch etwas Biss haben –, gebe ich den geriebenen Parmesan dazu. Erst dann rühre ich die Kräutermasse hinein und hebe die geschlagene Sahne unter.

5 Während der Reis gart, schäle ich den Spargel, halbiere ihn und brate ihn roh in einer guten Nuss Butter. Ich hebe ihn aus der Pfanne und brate in derselben Pfanne die Kräuterseitlinge mit dem Thymian nur fünf Minuten. Beides drapiere ich auf das Risotto und freue mich über die Komplimente meiner Gäste!

FÜR 4 PERSONEN Foto Seite 87

1 Bund platte Petersilie • 1 Bund Basilikum • 1 Majoranzweig
• 2 Salbeizweige • 1 Bund Kerbel • 100 g Blattspinat • Salz
• 1 Zwiebel • 40 g Butter • 250 g Risotto-Reis • 200 ml Weiß-
wein • 750 ml Hühnerfond (Seite 38) • 80 g Parmesan
• 5 EL Sahne • 4 Stangen weißer Spargel • 100 g Kräuterseitlinge
• 2 Thymianzweige

Kartoffeltürmchen

1 Ich koche die Kartoffeln in der Schale, pelle sie und zerdrücke sie mit einer Gabel. Ich verrühre dann die Kartoffeln mit 100 Gramm von der Butter und würze mit Meersalz. Diese Kartoffelmasse drücke ich in kleine Ringe, die ich mit Butter ausgepinselt habe.

2 In einer Pfanne brate ich die Kartoffelringe in der heißen geklärten Butter bei mittlerer Hitze von jeder Seite schön braun. Die Kartoffeltürmchen drücke ich dann vorsichtig aus den Ringen und serviere sie als Beilage zum Fleisch. Absolut köstlich!

FÜR 4 PERSONEN Foto links

1 kg Kartoffeln • 110 g Butter • Meersalz • 2–3 EL geklärte Butter (oder Butterschmalz)

Spätzle – original Knöpfle

1 Das Mehl, die Eier und das Mineralwasser schlage ich zu einem geschmeidigen Teig. Ich würze mit Salz, Pfeffer aus der Mühle und einem Hauch Muskat.

2 Ich zerlasse die Butter in der Pfanne und lasse sie braun werden, wir Profis nennen sie dann »Nussbutter«. Ich rühre sie zum Schluss unter den Teig, weil die Spätzle später angebraten werden und dann nicht mehr so viel Fett aufnehmen.

3 Den Spätzleteig streiche ich durch ein Sieb, schabe ihn auf dem Brett oder drücke ihn durch eine Spätzlepresse – ganz egal, wie Sie es machen, auf jeden Fall muss der Teig direkt ins siedende Salzwasser. Darin koche ich die Spätzle etwa zwei Minuten.

4 Ich fische die Spätzle mit einer Schaumkelle heraus und serviere sie entweder so als Beilage oder brate sie in Butter an.

TIPP: Die Spätzle passen ganz prima zu Rouladen, Schweinebraten und allem, was viel Soße hat.

FÜR 3–4 PERSONEN ohne Foto

200 g Mehl • 3 Eier • 40 ml Mineralwasser • Salz • Pfeffer
• etwas Muskat • 50 g Butter

Profi-Trick: Lea Linster bräunt Butter (»Nussbutter«) und rührt sie unter den Spätzle-Teig.

Sepia-Nudeln

1 Zunächst mache ich frische Nudeln. Ich empfehle Ihnen, dafür immer spezielles Pasta-Mehl (zum Beispiel von de Cecco oder Aurora) zu nehmen. Und denken Sie bitte daran: Nudelteig ist Gefühlssache! Große Eier lassen ihn weicher werden, dann noch ein bisschen Mehl zugeben. Ist der Teig zu bröckelig, hilft noch etwas verquirltes Ei.
2 Um schwarze Nudeln zu bekommen, gebe ich Sepia dazu. Aber aufgepasst: Die Tinte verquirle ich mit den Eiern – wenn man sie zum Mehl gibt, misslingt die Sache!
3 Den Teig knete ich dann mit der Hand gut durch, verpacke ihn sorgfältig in Frischhaltefolie und lasse ihn mindestens eine halbe Stunde im Kühlschrank ruhen. Ich rolle ihn anschließend auf der bemehlten Arbeitsfläche aus, gebe ihn in die Nudelmaschine und rolle ihn immer weiter aus, falte ihn zusammen, rolle ihn aus, bis er ganz geschmeidig ist. Dann lege ich ein bemehltes Leinentuch für den Teig bereit und teile ihn mit der Nudelmaschine in Bandnudeln.
4 Dazu schmeckt meine einfache, aber raffinierte Soße: Ich schneide die Spitzpaprika in feine Ringe und halbiere die Cherrytomaten. Ich putze die Schalotte und schneide sie in feine Würfelchen, ziehe eine Knoblauchzehe ab und halbiere sie und putze außerdem noch drei Frühlingszwiebeln, die ich ebenfalls in feine Ringe schneide.
5 Nun brauche ich noch Queller, der ein wenig an Algen erinnert, aber eine Pflanze ist, die auf den überfluteten Wattböden der Nord- und Ostsee und der Atlantikküste wächst. Queller wird auch Meeresfenchel, Meeresspargel oder Salzkraut genannt. Egal, er wird nur drei Minuten in sprudelndem Salzwasser blanchiert und passt mit seinem leicht salzigen Geschmack ganz wunderbar zu den Sepia-Nudeln.
6 In einer Pfanne erhitze ich dann feines Olivenöl und brate darin die Paprika an, gebe zuerst die Frühlingszwiebelringe und die Schalottenwürfel dazu, dann die Tomatenhälften und den blanchierten Queller. Zum Schluss kommt der Knoblauch hinein.
7 Ich schwenke alles gut durch und würze mit Meersalz und Pfeffer aus der Mühle. Dann gebe ich noch Basilikumblättchen und Dill, den ich vom Stängel gezupft und fein geschnitten habe, mit hinein. Nochmals schwenken – und fertig ist die wunderbare Soße.
8 Die Soße wird mit der Pasta vermischt, die ich nur wenige Minuten al dente gekocht habe. Ich streue frisch geriebenen Parmesan darüber und gern auch ein wenig Portulak oder Brunnenkresse.

TIPP: Die Sepia-Nudeln sind mit der Soße ein vollwertiges Essen. Dazu passen aber auch gebratene Tintenfischringe oder ein kleines Fischfilet, das ich auf der Haut kross brate.

FÜR 3 PERSONEN Foto rechts

Nudelteig: 200 g Pasta-Mehl • 2 Eier • 1–2 EL Sepia (abgepackt beim Fischhändler)
Soße: 1 rote Spitzpaprika • 8 Cherrytomaten • 1 Schalotte • 1 Knoblauchzehe • 3 Frühlingszwiebeln • 100 g Queller • Meersalz • 2 EL Olivenöl • Pfeffer • 10 Basilikumblätter • 2 Dillstängel
Dekoration: 2 EL Parmesan • evtl. etwas Portulak oder Brunnenkresse

Lauwarmer Kartoffelsalat

1 Dafür nehme ich besonders feine Kartoffeln, also eine Sorte wie die kleinen Bamberger Hörnchen, die in ihrer Heimat Franken »Hörnla« genannt werden, oder die wunderbare französische »La Ratte«-Kartoffel. Egal, ich gare die Kartoffeln mit ihrer Schale, am liebsten auf Dampf, das dauert etwa 25 Minuten.
2 Inzwischen schneide ich den mageren Speck in ganz feine Würfel, brate ihn in einer kleinen Pfanne schön kross und lege ihn auf Küchenpapier, damit er entfettet.
3 Auch die kleinen Zwiebeln würfele ich ganz fein, brate sie in einer Pfanne mit einer Nuss Butter an und lösche sie mit dem Hühnerfond ab. Voilà, jetzt kommen der Speck dazu und der Thymian. Alles lasse ich etwa fünf Minuten köcheln und nehme es dann vom Herd.
4 Nun sind auch die Kartoffeln gar, ich pelle sie und schneide sie in Scheiben, gern direkt in eine Servierschüssel. Die Zwiebelsoße verrühre ich mit Dijon-Senf, gebe Weißweinessig und feinstes Olivenöl dazu und gieße die lauwarme Vinaigrette über die Kartoffeln. Ich schmecke meinen Salat mit ordentlich Meersalz ab, gebe Pfeffer aus der Mühle darüber und rühre alles noch einmal vorsichtig um.
5 Zum Schluss brauche ich noch einen Teelöffel gehackten Majoran. Ich wasche also ein Bund Majoran, tupfe es trocken und zupfe die Blättchen ab. Ich schneide sie in feine Streifen und gebe sie zum Salat. Ein einfacher Genuss – aber fantastisch!

FÜR 4 PERSONEN Foto oben

1 kg Kartoffeln • 50–100 g magerer Speck • 2 Zwiebeln
• 20 g Butter • 30 ml Hühnerfond (Seite 38) • 1 Thymianzweig
• 2 EL Dijon-Senf • 2 EL Weißweinessig • 4 EL Olivenöl
• Meersalz • Pfeffer • ½–1 Bund Majoran

So gelingt
schwarze Pasta:
Lea verrührt
die Sepia-Tinte
mit den Eiern.

Steinpilze in Pergament *Seite 94*

Tomaten-Zucchini-Auflauf
Seite 95

Topinambur-Püree

Seite 95

Grillgemüse *Seite 95*

Steinpilze in Pergament

1 Ich putze die Pilze und schneide sie in Scheiben, zwei bis drei Millimeter dünn. Passen Sie bitte auf, dass die Pilze nicht zu lang sind, sonst werden die Päckchen zu unförmig!

2 Ich schneide dann Pergament oder – besser noch – Backpapier zurecht, so dass ich für jeden ein Päckchen falten kann. Das Papier bestreiche ich mit etwas Olivenöl und lege die Steinpilzscheiben nebeneinander darauf. Ich gebe feinstes Meersalz und Pfeffer aus der Mühle darüber, träufele ein bisschen Olivenöl darauf und gebe jeweils noch ein paar Petersilienblättchen dazu. Das ist so edel, deshalb bitte ich Sie: Sparen Sie nicht am Olivenöl, hier ist wie immer wirklich beste Qualität gefragt.

3 Nun falte ich Päckchen so, dass sie gut verschlossen sind, und backe sie zwölf Minuten im Ofen, den ich auf 200 Grad vorheize (Umluft 180 Grad, Gas Stufe 4). So gegart sind die Steinpilze herrlich saftig und aromatisch. Bon appétit!!

FÜR 4 PERSONEN *Foto Seite 92*

4 Steinpilze (à ca. 60 g) • 2−3 EL Olivenöl • Meersalz • Pfeffer • 12 Blättchen glatte Petersilie

Spargelsalat à l'Orange

1 Ich schäle die Orange und blanchiere die Schale in Zuckerwasser, das ich aus 200 Gramm Zucker und 200 Milliliter Wasser koche. Ich hole die Schalen nach drei Minuten aus dem kochenden Zuckerwasser, schrecke sie mit Eiswasser ab und schneide sie in feine Streifchen.

2 Dann presse ich zwei der Orangen aus und lasse den Saft sirupartig einkochen. Die vierte Orange schäle ich großzügig (die weiße Haut muss runter) und schneide die Orangenfilets zwischen den Trennwänden mit einem sehr scharfen Messer heraus.

3 Ich schäle den Spargel und schneide ihn schräg in Scheiben – die Köpfe sollen fünf Zentimeter lang bleiben. Die Köpfe gare ich kurz in Zuckerwasser bissfest und schrecke sie dann sofort in Eiswasser ab. Die geschnittenen Spargelstücke salze ich und lasse sie abtropfen.

4 Nun verrühre ich den Orangensirup mit Senf und den Essigen. Ich würze mit Salz, Zucker und Pfeffer aus der Mühle, schlage das Öl mit einer Gabel unter und vermische die Marinade mit dem abgetropften Spargel. Ich schneide den Schnittlauch in feine Röllchen und hebe sie mit den Streifchen von der Orangenschale unter den Spargel. Ein wenig Orangenschale stelle ich für die Garnitur zur Seite.

5 Den Spargelsalat drapiere ich in die Mitte der Teller und drum herum abwechselnd Spargelspitzen und Orangenfilets. Als Dekoration gebe ich noch die restlichen Orangenzesten darauf. Er schmeckt solo, passt zu Fleisch und Fisch. Im Restaurant serviere ich ihn gern zum Hummer.

FÜR 2 PERSONEN *Foto oben*

1 Bio-Orange • 200 g Zucker • 3 Orangen • 10 Stangen weißer Spargel • Meersalz • 1 TL Dijon-Senf • 2 EL Melfor-Essig • 1 EL Weißweinessig • Pfeffer • 5 EL Traubenkernöl • ¼ Bund Schnittlauch

Lea legt die dünn geschnittenen Steinpilze auf das Pergament und würzt mit Meersalz und Pfeffer aus der Mühle.

Voilà! Die gut verpackten Steinpilze werden von Lea in den vorgeheizten Backofen geschoben und sind nach nur zwölf Minuten fertig zum Genuss.

Tomaten-Zucchini-Auflauf mit Thymian

1 Dafür enthäute und entkerne ich zunächst drei von den schönen, reifen, großen Roma-Tomaten und schneide das Fruchtfleisch in nicht zu feine Würfel. Außerdem putze ich eine Zwiebel und schneide sie – wie immer mit viel Liebe – sehr fein.

2 In einer Pfanne erhitze ich zwei Esslöffel Olivenöl und dünste die Zwiebelwürfel darin glasig. Ich nehme dann zwei kleine Zucchini (insgesamt etwa 350 Gramm) und löse mit einem Löffel den weichen Kern heraus. Das Zucchinifleisch schneide ich in kleine Würfel und gebe es zur Zwiebel in die Pfanne.

3 Außerdem ziehe ich die ganz frischen Knoblauchzehen ab, zerdrücke sie mit dem Messer und füge sie ebenfalls hinzu. Auch die Tomatenwürfel kommen in die Pfanne. Die Hälfte vom Thymian und das Lorbeerblatt geben dem Ganzen ein schönes Aroma. Ich lasse das Gemüse nur etwa acht bis zehn Minuten leise schmurgeln und würze es mit etwas Meersalz und schwarzem Pfeffer aus der Mühle.

4 Den Backofen heize ich auf 180 Grad (Umluft 160 Grad, Gas Stufe 3–4) vor und gebe das fertige Gemüse in eine ofenfeste Form, die ich vorher mit Olivenöl ausgestrichen habe. Ich drücke es mit dem Löffel gut platt, die ganze Form soll ausgefüllt sein.

5 Dann schneide ich die restlichen Zucchini und Tomaten in Scheiben und lege sie im Kreis darauf. Falls ich die Zucchini nicht so knackig möchte, blanchiere ich sie kurz. Alles wird mit Salz und Pfeffer gewürzt, und zum Schluss träufele ich noch zwei Esslöffel Olivenöl darüber und lege ein paar Zweiglein Thymian darauf. Die Form mit dem Zucchini-Gemüse schiebe ich nun in den heißen Backofen – für etwa 25 Minuten, dann ist alles fertig. Dazu gibt es Tomatensoße. Genießen Sie dieses wunderbare vegetarische Sommeressen!

FÜR 4 PERSONEN Foto Seite 92

8 Roma-Tomaten • 1 Zwiebel • 5 EL Olivenöl • 4 Zucchini (à ca. 150 g) • 3 Knoblauchzehen • ½ Bund Thymian • 1 Lorbeerblatt • Meersalz • Pfeffer

Tomaten-Kräuter-Soße: *Seite 116*

Lea gibt das gedünstete Gemüse in die Mitte, außen die Tomaten- und Zucchinischeiben.

Topinambur-Püree

1 Ich ziehe die kleine Zwiebel ab und schneide sie in feine Würfelchen. Die Topinambur putze ich und schneide sie in dünne Scheiben. Ich zerlasse die Butter in einem Topf und dünste erst die Zwiebelwürfelchen an, gebe dann die Topinambur-Scheiben dazu. Ich gieße dann den Hühnerfond und die Milch an und lasse alles eine halbe Stunde kochen.

2 Nun gieße ich die Sahne an, püriere erst im Mixer und streiche dann alles nochmals durchs Haarsieb. Bon appétit!

TIPP: Topinambur schmeckt auch als Suppe (Seite 37). Und Sie können sie schälen und im Ganzen etwa zehn Minuten in Butter andünsten. Dann Petersilie und zerstoßene rosa Pfefferbeeren darüber – fertig!

FÜR 3–4 PERSONEN Foto Seite 93

1 Zwiebel • 500 g Topinambur • 30 g Butter • 100 ml Hühnerfond (Seite 38) • 150 ml Milch • 100 g Sahne

Grillgemüse vom Blech

1 Ich wasche das Gemüse, tupfe es mit Küchenpapier trocken und putze es. Zucchini, Paprika und Tomaten schneide ich in möglichst gleich große Stücke. Die Zwiebeln und den frischen Knoblauch ziehe ich ab und würfele beides fein.

2 Ich gebe alles Gemüse aufs Backblech und vermische es. Zum Schluss kommen einfach die Gewürze, die Kräuterblättchen und das Olivenöl darüber.

3 Den Backofen heize ich auf 200 Grad vor (Umluft 180, Gas Stufe 4) und backe das Gemüse so etwa 30 Minuten. Und wenn Sie gern grillen: Das klappt auch gut im Kugelgrill.

TIPP: Das Grillgemüse schmeckt warm und kalt ausgezeichnet. Es lässt sich aber nicht gut aufwärmen!

FÜR 1 BACKBLECH Foto Seite 93

je 1 gelbe und grüne Zucchini • je 1 rote, grüne und gelbe Paprikaschote • 300 g Tomaten • 2 rote Zwiebeln • 4 Knoblauchzehen • Salz • Pfeffer • 2 TL Zucker • ½ TL Piment d'Espelette • 1 Bund Thymian • 1 Rosmarinzweig • 1 Bund Basilikum • 4 EL Olivenöl

»Nur ganz frischer Knoblauch macht Freude. Lassen Sie ihn sonst lieber weg!«

»Ich bitte Sie, wirklich speziellen Risotto-Reis wie Arborio, Carnaroli oder Vialone zu nehmen, sonst gelingt ein Risotto nicht!«

Spezialität aus dem Hause Linster: cremiges Risotto, pikante Calamaretti.

Risotto mit Calamaretti

1 Zuerst bereite ich die Calamaretti vor. Ich nehme gern diese kleinen Tintenfischarme (Tuben). Achten Sie bitte darauf, dass alle kleinen Häutchen entfernt werden – dafür muss man die Tuben auch umstülpen! Ich schneide sie dann in schmale Ringe. Außerdem ziehe ich eine schöne Schalotte ab und würfele sie fein.

2 Für die Soße lasse ich die Pimientos del Piquillo, deren süß-scharfer Geschmack hier wieder einmal besonders gut passt, abtropfen und würfele sie dann ebenfalls fein.

3 Für das Risotto ziehe ich zunächst die kleine Zwiebel ab, schneide sie in Würfelchen und dünste sie in einer Pfanne im Olivenöl an. Dann gebe ich den Risotto-Reis ungewaschen dazu und dünste ihn mit an, bis er ein bisschen glasig aussieht. Ich streue eine gute Prise Salz hinein, dann lösche ich mit einem feinen Winzersekt oder Crémant ab.

4 Die Flüssigkeit lasse ich etwas einkochen. Nach und nach gieße ich den heißen Hühnerfond in kleinen Schlucken dazu, dabei rühre ich mein Risotto ständig gut um und lasse den Fond immer wieder einkochen. Nach ungefähr 20 Minuten ist der Reis gar, er soll natürlich nicht ganz weich sein und keinesfalls trocken.

5 Zum Schluss hebe ich noch den frisch geriebenen Parmesan darunter und anschließend drei Esslöffel Sahne, die ich vorher halbfest geschlagen habe – fertig! Ich muss das Risotto jetzt nur noch ordentlich mit Salz abschmecken.

6 Für die Soße schneide ich Schalotten und Knoblauchzehen in feine Würfelchen und dünste sie im Olivenöl an. Ich gebe die Pimientos-Würfelchen dazu und lösche mit dem Weißwein und dem Hühnerfond ab. So lasse ich es acht Minuten köcheln und püriere mit dem Stabmixer. Dann gebe ich etwas Sahne und Milch hinein, schäume alles ordentlich auf und schmecke mit Salz und Pfeffer ab.

7 Nun gebe ich Olivenöl in eine beschichtete Pfanne und lasse es sehr heiß werden. Darin werden die geputzten Calamaretti-Ringe angebraten. Aufgepasst: nur etwa eine Minute! Schnell die Schalottenwürfelchen dazu, die zerdrückte Knoblauchzehe und die fein geschnittenen Schnittlauchröllchen. Ich erhitze alles nur ganz kurz.

8 Das heiße Risotto richte ich auf vorgewärmten Tellern an, gebe die Calamaretti-Ringe aus der Pfanne darauf und etwas von der aufgeschäumten Soße. Voilà!

FÜR 2 PERSONEN *Foto links*

150 g Calamaretti • 1 Schalotte • 2 EL Olivenöl • 1 Knoblauchzehe • ½ Bund Schnittlauch
Risotto: *1 Zwiebel • 2 EL Olivenöl • 100 g Risotto-Reis • Meersalz • 100 ml Winzersekt, Crémant oder trockener Weißwein • ½ l Hühnerfond (Seite 38) • 3–4 EL Parmesan • 3 EL Sahne*
Soße: *3 Pimientos del Piquillo (Dose) • 2 Schalotten • 2 Knoblauchzehen • 1 EL Olivenöl • 50 ml Weißwein • 200 ml Hühnerfond (Seite 38) • 3 EL Sahne • 6 EL Milch • Meersalz • Pfeffer*

Pastinakenchips

Dafür wasche ich einfach eine Pastinake und schneide sie in hauchdünne Scheibchen. In einer Pfanne erhitze ich das Öl, frittiere die Scheibchen goldgelb und lasse sie auf Küchenpapier trocknen. Zum Schluss gebe ich Salz darüber – das ist eine tolle Dekoration und ein knuspriges Vergnügen.

TIPP: Die Chips lassen sich auch mit anderem Gemüse herstellen, zum Beispiel mit roter Bete oder mit Topinambur.

FÜR 10–12 CHIPS *Foto oben*

1 Pastinake • 100 ml Erdnuss- oder Olivenöl • Salz

Lea gießt nach und nach Fond ans Risotto. Die Calamaretti-Ringe werden extra gegart.

Lea Linster &
Crew: Sous-Chef
Korbinian Wolf,
Tobias Tysklind,
Chefkoch Sylvain
Cousin, Laura
Petit, Chef-Pâtis-
sier Dominique
Simonnet, Philippe
Crauser, Melissa-
Anne Kormanicky.

Kartoffeln im Salzbett mit Olivenölbutter *Seite 102*

»Für Ravioli gibt es viele fantasievolle Füllungen, von ganz einfach bis edel. Probieren Sie selbst!«

Artischocken-Ravioli mit schwarzen Trüffeln *Seite 102*

Kartoffeln im Salzbett mit Olivenölbutter

1 Kartoffeln sind meine Lieblinge, vor allem natürlich, wenn sie noch ganz jung sind. Nehmen Sie sich einfach mal ein bisschen mehr Zeit für den Genuss: Ich wasche die Kartoffeln sorgfältig und lege sie in eine ofenfeste Form. Ich überdecke die Kartoffeln dann komplett mit grobem Meersalz und gebe noch einen kleinen Schluck Wasser darüber, damit das Salz die Kartoffeln perfekt abschließt.

2 Den Backofen heize ich auf 200 Grad vor (Umluft 180 Grad, Gas Stufe 4), stelle die Form hinein und lasse die Kartoffeln garen. Geduld! Das dauert, je nach Größe der Kartoffeln, etwa 40 Minuten. Aber ich garantiere Ihnen, dass sie besser schmecken als die üblichen Pellkartoffeln!

3 Dazu passt meine cremige Olivenölbutter, sie ist leicht und bringt Abwechslung zu Frischkäse oder Quark. Um sie perfekt herzustellen, braucht man ein bisschen Fingerspitzengefühl und auf jeden Fall eine Küchenmaschine zum Aufschlagen. Ich nehme also die weiche Butter und schlage sie mit der Küchenmaschine so lange auf, bis sie schaumig ist und wie eine cremige Mayonnaise aussieht.

4 Ich gebe den Zitronensaft hinein und schlage weiter. Sobald sich der Zitronensaft gut mit der Butter verbunden hat, gebe ich ein bis zwei Eiswürfel hinein, die ich vorher klein gehackt (gecrusht) habe. Mit einem dünnen Strahl lasse ich dann feinstes Olivenöl hineinlaufen – dabei schlage ich immer weiter, so dass eine wirklich schöne Creme entsteht. Diese Butter-Öl-Creme stelle ich jetzt im Kühlschrank kalt, natürlich gut in Frischhaltefolie verpackt, damit sie keinesfalls Aromen von anderen Sachen annehmen kann.

5 So, jetzt verfeinere ich die Creme: Zu meinen Kartoffeln liebe ich sie mit Basilikum, das ich in feine Streifchen schneide. Außerdem enthäute und entkerne ich die Tomate, schneide das Fruchtfleisch in feine Würfelchen und hebe sie unter. Die schwarzen Oliven befreie ich vom Stein und hacke sie fein. Ich würze mit Meersalz und Pfeffer aus der Mühle – und fertig ist der einfache Genuss!

TIPP: Die Creme ist ideal auf einem heißen Fischfilet. Sie kann auch mit Kräutern, Paprika oder Sardellenfilet aromatisiert werde.

FÜR 4 PERSONEN Foto Seite 100

800 g Kartoffeln • 500 g grobes Meersalz
Olivenölbutter: 50 g Butter • 2 EL Zitronensaft • Eiswürfel
• 50 ml Olivenöl • 10 Basilikumblätter • 1 Tomate • 15 schwarze
Oliven • Meersalz • Pfeffer

Leas Kartoffeln im Salzbett brauchen mehr Zeit zum Garen, schmecken aber auch besser als Pellkartoffeln.

Artischocken-Ravioli mit schwarzen Trüffeln

1 Für dieses Rezept lege ich die kostbaren schwarzen Trüffeln ein. Ich erhitze die Mischung aus Cognac, Madeira und Portwein, in die ich noch etwas Meersalz und Pfeffer aus der Mühle gebe, auf 60 Grad und gebe die Flüssigkeit über die gesäuberten Trüffeln. In einem Schraubdeckelglas hält sich der kostbare Pilz so etwa drei Monate.

2 Für den Ravioli-Teig verrühre ich das Pasta-Mehl und die Eier und knete den Teig dann mit der Hand gut durch. Ich verpacke ihn sorgfältig in Frischhaltefolie und lasse ihn mindestens eine halbe Stunde im Kühlschrank ruhen. Ich rolle ihn dann auf der bemehlten Arbeitsfläche aus, gebe ihn in die Nudelmaschine und rolle ihn immer weiter aus, falte ihn zusammen, rolle ihn aus, bis er ganz geschmeidig ist. Die Pasta-Bahnen lege ich auf eine bemehlte Arbeitsfläche.

3 Nun geht es an die Farce: Ich schneide die Schalotten in Würfelchen, ebenso zehn Gramm von den eingelegten Trüffeln und die Artischockenböden. Ich gebe den weißen Portwein, den Madeira und die Sahne in eine Kasserolle und würze mit Meersalz und Pfeffer aus der Mühle. Darin dünste ich das vorbereitete Gemüse an.

4 Die Farce lasse ich etwas abkühlen und drapiere sie in 20 kleinen Häufchen in Abständen auf die Hälfte der Ravioli-Bahnen. Ich decke die zweite Hälfte darüber und rädele meine Ravioli schön exakt aus. An den Rändern drücke ich sie gut fest. Aufgepasst: Die Hände müssen dabei trocken sein, sonst klappt es nicht! Die fertigen Ravioli lasse ich auf einem bemehlten Leinentuch ruhen, bis sie für fünf bis acht Minuten im kochenden Salzwasser al dente gegart werden.

5 Ich putze die kleinen Artischocken, schneide sie in Scheiben, brate sie in Olivenöl und gebe nur etwas Meersalz darüber.

6 Für die Soße schneide ich die Zwiebel in feine Würfelchen und dünste sie in Butter an. Ich gebe die feinen Trüffelwürfelchen dazu und lösche mit Sherry, weißem Portwein und Hühnerfond ab. Bei großer Hitze reduziere ich die Flüssigkeit auf die Hälfte, gieße dann erst die Sahne dazu und würze mit Meersalz und Pfeffer.

7 Die köstlichen Ravioli drapiere ich zusammen mit den gebratenen Artischockenscheiben auf den angewärmten Tellern und nappiere mit der heißen Soße, die übrigens auch fantastisch zu Geflügel schmeckt. Bon appétit – ein wirklich außergewöhnlicher Genuss!

TIPP: Ravioli lassen sich gut einfrieren. Dann streichen Sie sie aber bitte mit etwas geklärter Butter ein, damit der Nudelteig nicht reißt.

FÜR 4 PERSONEN Foto Seite 101

Eingelegte Trüffeln: 1–2 schwarze Trüffeln (mindestens 25 g)
• 50 ml Cognac • 50 ml Madeira • 50 ml Portwein • Meersalz
• Pfeffer
Ravioli-Teig: 200 g Pasta-Mehl • 2 Eier
Artischocken-Farce: 2 Schalotten • 10 g schwarze Trüffeln
(eingelegt) • 2 Artischockenböden (Glas) • 40 ml weißer Portwein
• 2 EL Madeira • 40 g Sahne • Meersalz • Pfeffer
Artischocken-Beilage: 4–6 Mini-Artischocken • 2 EL Olivenöl
Soße: 1 Zwiebel • 20 g Butter • 10 g schwarze Trüffeln (eingelegt)
• 100 ml Sherry • 100 ml weißer Portwein • 100 ml Hühnerfond
(Seite 38) • 150 g Sahne • Meersalz • Pfeffer

schon entkernte Oliven, die haben meist kein gutes Aroma. Ich wasche den Salat und mache dann eine klassische Vinaigrette aus Olivenöl, Salz, Pfeffer und ein paar Tropfen Zitronensaft. Die Vinaigrette gut mit dem Salat mischen und den Salat auf eine flache Platte dekorieren.

7 Ich gebe die lauwarmen Tomaten dazu, die gebratenen Artischocken-scheiben und die Olivenhälften. Darüber hobele ich hauchdünn ein paar Späne Parmesan. Voilà – mit knusprigem Baguette oder frischem Bauernbrot und einem frischen Wein ein perfektes Sommer-Abendessen auf dem Balkon oder der Terrasse. Genießen Sie's!

TIPP: Artischocken putze ich immer mit Küchenhandschuhen, denn sie hinterlassen gern schwarze Spuren an den Händen – und können auch ganz schön stechen!

FÜR 2–3 PERSONEN Foto links

300 g Kirschtomaten • 1–2 EL Puderzucker • Meersalz
• 75 ml Olivenöl • 4 Mini-Artischocken • 10 schwarze Oliven
• 1 Bund Rucola • etwas gemischter Salat (z.B. heller und dunkler Eichblattsalat) • 30 g Parmesan
Vinaigrette: 3 EL Olivenöl • Meersalz • Pfeffer
• etwas Zitronensaft

Artischocken-Tomaten-Salat

1 Zuerst kümmere ich mich um die Tomaten. Ich wasche die kleinen Strauchtomaten und pflücke sie ab. Mit einer Pinzette oder einem kleinen scharfen Messer hole ich die Stielansätze heraus und lege die Tomaten auf ein Kuchengitter. Darunter stelle ich ein Backblech, um die Arbeitsfläche zu schonen, denn nun brenne ich die Tomatenhaut kurz mit einem kleinen Bunsenbrenner an! Ich drehe die Tomaten um und mache es genauso mit der anderen Seite. Die Haut platzt durch die Hitze auf und lässt sich ganz leicht abziehen. Die Tomaten bleiben dabei herrlich rot und ganz wunderbar in Form.

2 Sie können die Tomaten aber auch normal enthäuten: über Kreuz einritzen und kurz mit kochendem Wasser überbrühen.

3 Die enthäuteten Kirschtomaten lege ich nebeneinander in eine feuerfeste Form. Inzwischen habe ich den Backofen auf 80 Grad vorgeheizt. Ich bestäube die Tomaten noch mit etwas Puderzucker, salze sie kräftig mit Meersalz aus der Bretagne und gieße Olivenöl in die Form, so dass die Kirschtomaten ganz bedeckt sind. Die Form gebe ich für zehn bis 15 Minuten in den vorgeheizten Ofen, um die Tomaten zu erwärmen und ein bisschen zu garen.

4 Ich schäle jetzt für jeden Gast ein oder zwei Mini-Artischocken, am liebsten nehme ich die violetten aus Nizza. Ich schneide alle harten Teile ab und hole dann mit einem kleinen Melonenausstecher das Stroh auf der Unterseite heraus. Übrig bleiben nur die Artischockenherzen, die ich in schmale Scheiben schneide.

5 Ich brate meine Artischockenscheibchen in ein bis zwei Esslöffel heißem Olivenöl in der Pfanne kräftig braun, würze sie ein wenig mit Meersalz und lege sie anschließend zum Entfetten zwischen zwei Blätter Küchenpapier.

6 Dann entkerne ich erst einmal für jeden drei schwarze Oliven von erstklassiger Qualität und halbiere sie. Sie wissen ja, ich kaufe nie

Selleriesalat

1 Den Knollensellerie schäle ich großzügig und raspele ihn auf dem Gemüsehobel fein. Das Feinschneiden geht natürlich auch mit einem scharfen Küchenmesser. Ich gebe den Sellerie in einen Dämpfeinsatz und dämpfe ihn fünf Minuten über dem heißen Wasserdampf – dadurch wird Sellerie leichter verdaulich.

2 Die gedämpften Sellerieraspel fülle ich in eine Schüssel. Ich wasche den Schnittlauch, schneide ihn in Röllchen und vermische ihn mit den Sellerieraspeln und der Mayonnaise. Nun schmecke ich mit Meersalz ab und hebe dann die Blaubeeren unter. Nach Lust und Laune dekoriere ich den Selleriesalat noch mit Kerbel.

TIPP: Der Salat passt zu allen Steaks. Er schmeckt auch als Vorspeise oder vegetarisches Hauptgericht zusammen mit hart gekochten Eiern.

FÜR 3–4 PERSONEN ohne Foto

500 g Knollensellerie • 1 Bund Schnittlauch • 3 EL Mayonnaise (Seite 117/Rezept Remoulade) • Meersalz • 100 g Blaubeeren
• evtl. ½ Bund Kerbel

STEAKS & IHRE SOSSEN

»Kochen braucht Liebe.
Ob ich nun eine Zwiebel
schneide oder Steaks brate.
Sie sind übrigens die Diven
unter den Fleischstücken,
wollen beachtet und gut behandelt werden – schon vor
dem Garen müssen sie die
richtige Temperatur haben,
sie dürfen nicht zu kalt sein.
Ich freue mich über den
puren Geschmack, aber eine
Soße zum Steak macht
den Genuss unübertrefflich.
Hier verrate ich Ihnen die
Geheimnisse hervorragender
Soßen und verspreche: Alles
ist einfach und genial!«

Klassisches T-Bone-Steak *Seite 109*

Leas Edel-Burger *Seite 109*

»Mehr oder weniger blutig? Das ist eine Geschmacksfrage! Lassen Sie Ihr Fleisch eventuell etwas länger in der Pfanne.«

Tournedos sind das feinste Stück vom Rind. Lea grillt sie in der Pfanne und dann kurz im Ofen.

Tournedos – Rinderfilets mit Schalotten-Schnittlauch-Topping

1 Ich liebe es, diese exquisiten Rinderfilets in einer Grillpfanne anzu-
braten, weil ich ihnen damit ein dekoratives Gittermuster verpassen
kann. Ich brate sie in der knallheißen Grillpfanne von jeder Seite – und
nicht nur oben und unten! – zweimal eine Minute lang an, um das
Gittermuster zu erhalten.
2 Ist das geschafft, gebe ich Meersalz und Pfeffer aus der Mühle darüber. Ich lege dann einen Teelöffel Butter und ein Mini-Sträußchen
Thymian auf jedes Steak, lege sie auf einen Gitterrost, damit die Flüssigkeit abtropft, und gare die Filets im heißen Backofen bei 170 Grad
(Umluft 150 Grad, Gas Stufe 3) in nur sechs Minuten fertig.
3 Fürs Topping würfele ich die Schalotten sehr fein, schneide den
Schnittlauch in Röllchen und vermische beides mit Meersalz und Pfeffer aus der Mühle. Das Topping kommt vor dem Servieren auf die edlen
Tournedos – es passt übrigens auch zu allen anderen Steaks.

TIPP: So sind die Filets medium gegart. Wenn Sie's nicht ganz so blutig
mögen, können Sie sie noch zwei, drei Minuten länger im Ofen lassen.

FÜR 2 PERSONEN Foto links

2 Filetsteaks (à 150 g – 4 cm hoch!) • Meersalz • Pfeffer
• 2 TL Butter • 2 Thymianzweige
Topping: 2 Schalotten • 10 Schnittlauchhalme • Meersalz • Pfeffer
Soße: Herrlich dazu die Madeira-Balsamico-Soße von Seite 116

Klassisches T-Bone-Steak

1 Die geklärte Butter erhitze ich in einer Pfanne. Ich lege das Steak
hinein und brate es bei großer Hitze von jeder Seite vier Minuten, dabei
schöpfe ich immer wieder mit einem Esslöffel die heiße Butter darüber
und passe gut auf, dass das Fleisch nicht zu dunkel wird.
2 Nun reduziere ich die Hitze und lasse das Fleisch in der Pfanne ziehen. Wenn es »rare«, also noch innen roh sein soll, nehme ich es gleich
heraus. Wenn es »medium« sein soll, lasse ich es etwa drei Minuten
ziehen. Soll es durchgebraten sein, in Frankreich »bien cuit«, bleibt es
noch fünf Minuten in der Pfanne.
3 Ich würze das T-Bone-Steak mit Salz und Pfeffer aus der Mühle. Vor
dem Servieren beträufele ich es mit dem Bratsud aus der Pfanne.

TIPP: Fein dazu schmecken der Selleriesalat von Seite 103 oder ein
klassischer Tomatensalat – und natürlich meine selbst gemachten
Pommes frites.

FÜR 2 PERSONEN Foto 106

1 T-Bone-Steak (ca. 500 g) • 2 EL geklärte Butter • Meersalz
• Pfeffer

Leas Edel-Burger

1 Pro Person nehme ich ein schönes Filetsteak von bestem Bio-Fleisch
und von etwa einem Zentimeter Dicke. Außerdem brauche ich pro
Person ein großes rundes Brötchen. Ich schneide die Brötchen durch
und nehme ein wenig Teig in der Mitte raus. Die beiden Brötchenhälften toaste ich jeweils etwas an.
2 Dann mache ich ein bisschen Mayonnaise selbst und bereite alle
Zutaten vor, denn sie müssen bereitstehen, bevor ich das Fleisch brate:
dünne Scheiben von aromatischen Tomaten und einer feinen Gemüsezwiebel (am liebsten nehme ich für meinen Burger die milden weißen
Zwiebeln aus den Cevennen), eine kleine grüne Gurke, längs geschnitten, ein paar Blättchen knackigen Salat. Außerdem stelle ich Ketchup
bereit und für jeden eine Scheibe Gouda-Käse.
3 Ich halbiere die Avocado, nehme den Kern heraus und löse die Schale ab. Die Avocado schneide ich schräg in dünne Scheiben und gebe
Pfeffer aus der Mühle und Meersalz darüber.
4 In einer Pfanne erhitze ich nun eine große Nuss Butter und lege die
Steaks zum Braten hinein. Sehr wichtig: Die Butter muss sehr heiß
sein, und das Steak muss immer sofort mit der Butter übergossen
werden (ich schöpfe sie mit einem Esslöffel darüber), sonst verbrennt
die Butter zu sehr. Zum Schluss salzen und pfeffern.
5 Jetzt schnell ans Kunstwerk: Zuerst gebe ich etwas Bratensaft aus
der Pfanne in die Brötchenhälften. Auf die oberen Hälften streiche
ich Mayonnaise, gebe Gurke und eine Scheibe Gouda darauf. Auf die
unteren Hälften streiche ich Ketchup und lege Avocado, Zwiebel,
Steak, Tomate und Salat darauf und salze und pfeffere alles. Einfach
zusammenklappen, und fertig ist der Luxem-Burger! Bon appétit!

FÜR 4 PERSONEN Foto Seite 107

4 Filetsteaks (à 120 g) • 4 runde Brötchen (z.B. Kaisersemmel)
• 2 EL Mayonnaise (Seite 117/Remoulade) • 2 Tomaten
• 1 Gemüsezwiebel • 1 Minigurke • 50 g Salatblätter
(z.B. roter Feldsalat) • 4 EL Ketchup • 4 Scheiben Gouda
• 1 Avocado • Meersalz • Pfeffer • 30 g Butter

Lammchops vom Grill

1 Zuerst mache ich Knoblauchöl: Die frischen Knoblauchzehen ziehe
ich ab, hacke sie fein und vermische sie mit dem Olivenöl – fertig.
2 Ich bestreiche die Lammchops mit dem Knoblauchöl und mariniere
sie so eine halbe Stunde lang.
3 Den Knoblauch streife ich dann großzügig ab. Ich salze das Fleisch
und bestreue es mit Thymianblättchen. Auf dem vorbereiteten
(Kugel-)Grill brate ich die Chops von jeder Seite nur zwei Minuten.

TIPP: Das Knoblauchöl eignet sich für jedes andere Fleisch und auch
für gegrilltes Gemüse (wie dicke Zucchinischeiben oder Paprika).
Eleganter wird's, wenn Sie den Knoblauch rausfiltern und nur das Öl
verwenden.

FÜR 4 PERSONEN Foto 105

12 Lammchops • Meersalz • ½ Bund Thymian
Knoblauchöl: 1 Knoblauchknolle • 100 ml Olivenöl

Doppeltes Kalbskotelett mit Knoblauch *Seite 112*

Kalbsrückensteak mit
Minigemüse *Seite 113*

Minutensteaks *Seite 112*

Doppeltes Kalbskotelett mit Knoblauch

1 Dies ist ein Rezept für zwei, die gern Fleisch essen! Ich lasse mir dafür vom Fleischer ein schönes Kalbskotelett aus dem Rücken schneiden, der Knochen soll dranbleiben.

2 Nun zum Knoblauch – ich nehme ganz frische, schöne dicke Zehen. Die ziehe ich ab und halbiere sie. Ich dünste den Knoblauch in der heißen Butter glasig, bestreue ihn mit etwas Zucker, lasse ihn karamellisieren und gebe etwas Salz darüber.

3 Das Kalbskotelett spüle ich kurz unter kaltem Wasser ab, damit keine Knochensplitter auf dem Fleisch sind. Ich tupfe es mit Küchenpapier gut trocken, salze und pfeffere es. In der sehr heißen geklärten Butter brate ich es dann von jeder Seite etwa für Minuten, dabei gebe ich zwei schöne Thymianzweige mit in die Pfanne. Mit einem Löffel schöpfe ich die Thymian-Butter und begieße das Fleisch wie gewohnt während des Bratens immer wieder damit.

4 Zum Schluss gebe ich den vorbereiteten Knoblauch mit in die Pfanne und erhitze ihn. Ich drapiere den Knoblauch auf dem Fleisch und dekoriere das wunderbare Essen noch mit frischem Thymian.

FÜR 2 PERSONEN Foto Seite 110

1 Kalbskotelett mit Knochen (ca. 450 g) • 4 Knoblauchzehen • 1 EL Butter • 1 TL Zucker • Meersalz • Pfeffer • 2 EL geklärte Butter • 3 – 4 Thymianzweige

Filet Bœuf mit Pilz-Pfeffer-Soße

1 Für die Soße ziehe ich Schalotten ab und würfele sie »brunoise«, also sehr fein. In der heißen Butter dünste ich sie hellbraun. Dazu gebe ich dann die geputzten Kräuterseitlinge und dünste sie ebenfalls an.

2 Dann gieße ich den Cognac zu, lasse ihn verdampfen und gieße den Hühnerfond und den kräftigen Rotwein an. Ich gebe die abgetropften Pfefferkörner hinein und lasse alles um ein Drittel bei großer Hitze einkochen, um eine kräftige Soße zu bekommen. Ich rühre die Sahne unter und stelle die Soße zunächst beiseite.

3 Die Rindersteaks salze und pfeffere ich und brate sie in reichlich geklärter Butter von jeder Seite zwei bis vier Minuten – je nach Geschmack und Dicke der Steaks. Dabei lege ich einen Rosmarinzweig mit in die Pfanne und begieße die Steaks wie gewohnt immer wieder mit der heißen Butter.

4 Auf der sicheren Seite bin ich, wenn ich die Steaks noch für ein paar Minuten bei 140 Grad (Gas Stufe 2) im heißen Backofen ruhen lasse.

5 Inzwischen erwärme ich die Pfeffersoße, schmecke sie mit Meersalz ab und montiere sie eventuell noch mit ein paar kalten Butterflöcken. Wirklich superbe!

FÜR 2 PERSONEN Foto oben

2 Rindersteaks (Filet- oder Rumpsteak oder Hüfte à 180 g) • Meersalz • Pfeffer • 2 EL geklärte Butter • 1 Rosmarinzweig
Soße: 2 Schalotten • 1 EL Butter • 100 g Kräuterseitlinge • 1 El Cognac (oder Whisky) • 200 ml Hühnerfond (Seite 38) • 100 ml Rotwein (am liebsten Burgunder) • 2 EL grüne Pfefferkörner • 75 g Sahne • Meersalz • evtl. 15 g Butter

Minutensteaks mit kalter Tomaten-Kräuter-Soße

1 Los geht's mit der Soße: Dafür schneide ich die Tomaten in Würfel. Ich ziehe die Knoblauchzehe ab und zerdrücke sie einfach. Die Rosmarinnadeln und die Thymianblättchen schneide ich klein und gebe sie zusammen mit dem Knoblauch zu den Tomatenwürfeln.

2 Mit dem Olivenöl und dem Essig püriere ich alles im Mixer fein und passiere die Soße zusätzlich durchs Haarsieb. Selleriegrün, Petersilie, Basilikum und Kerbel wasche ich, zupfe die Blätter von den Stängeln, schneide die Kräuter fein und gebe sie in die Soße. Die Soße rühre ich mit dem Stabmixer noch einmal kurz durch und würze mit Meersalz, Pfeffer, etwas Zucker und dem Tabasco.

3 Ich erhitze die Butter in der Pfanne, lege den Salbeizweig hinein und brate dann die Steaks darin – von jeder Seite nur eine Minute! Schnell Meersalz, Pfeffer aus der Mühle und die frittierten Salbeiblätter darüber – fertig ist das köstliche Sommeressen.

TIPP: Wunderbar dazu sind die Kartoffeltürmchen von Seite 89.

FÜR 4 PERSONEN Foto Seite 111

4 Minutensteaks (vom Kalb oder Schwein) • 2 EL Butter • 1 Salbeizweig • Meersalz • Pfeffer
Soße: 4 Tomaten • 1 Knoblauchzehe • 1 Rosmarinzweig • 1 Thymianzweig • 50 ml Olivenöl • 2 EL Melfor- oder Apfelessig • je 1 EL gehacktes Selleriegrün, Petersilie, Basilikum und Kerbel • Meersalz • Pfeffer • etwas Zucker • 1 Spritzer Tabasco
Dekoration: 2 EL frittierter Salbei (Seite 117)

Kalbsrückensteak mit Minigemüse

1 Zartes Kalbfleisch eignet sich ganz wunderbar für ein feines Essen, das Rückenstück beim Kalb entspricht übrigens einem Roastbeef oder Rumpsteak beim Rind. Für dieses Rezept löse ich das Fleisch sehr exakt aus dem Knochen, so bekomme ich schöne, sehr gepflegt aussehende Steaks, die ich am Fettrand einschneide und erst einmal beiseite stelle, um das Gemüse zuzubereiten.

2 Als Beilage nehme ich verschiedene Minigemüse: Sie sind dekorativ, und vor allem schmecken sie herrlich! Also, Minikürbisse, den Minifenchel und eine dicke Frühlingszwiebel wasche ich. Den kleinen Fenchel und die Zwiebel halbiere ich noch.

3 In sprudelnd kochendem Salzwasser wird das Gemüse drei Minuten blanchiert und dann sofort in Eiswasser abgeschreckt. Außerdem koche ich zwei Mini-Rote-Bete für zehn Minuten, ziehe Gummihandschuhe an und schäle und halbiere sie dann.

4 Nun zerlasse ich eine Nuss geklärte Butter in einer Pfanne und gebe etwas Zucker und Salz dazu. Ich gebe das blanchierte Gemüse hinein und die rote Bete dazu. Dann lösche ich mit etwas Melfor ab – das ist der berühmte Essig aus dem Elsass, in dem auch Honig und Kräutertee stecken und der dadurch schön mild ist. Eventuell schmecke ich das Ganze noch mit etwas Salz und Zucker ab.

5 In einer zweiten Pfanne lasse ich dann geklärte Butter richtig heiß werden und lege die Kalbsrückensteaks hinein. Auch die Knochen lege ich hinein, die geben dem Bratfond einen kräftigen Geschmack. Ich brate das Fleisch auf beiden Seiten an und gebe noch Knoblauchzehen dazu, die ich nicht geschält, aber halbiert habe. Außerdem kommt noch frischer Oregano mit in die Pfanne. Alles kräftig braten: Das Fleisch soll außen schön braun aussehen und innen am liebsten noch ein bisschen rosa bleiben, ganz wie Sie es mögen.

6 Auf einer angewärmten Platte oder auf heißen Tellern drapiere ich das Fleisch und gebe das fertige Minigemüse dazu. Ich träufele noch etwas vom Bratfond aus der Pfanne darüber – und fertig ist das köstliche Festessen.

FÜR 2 PERSONEN *Foto Seite 110*

2 Kalbsrückensteaks (à ca. 200 g) • 2 EL geklärte Butter
• 3 Knoblauchzehen • ½ Bund Oregano
***Minigemüse:** 2 Minikürbisse • 1 Minifenchel • 1–2 Frühlingszwiebeln • Salz • 2 Mini-Rote-Bete • 2 EL geklärte Butter • etwas Zucker • 2 EL Melfor-Essig*

Zartes Kalbfleisch eignet sich ganz wunderbar für ein feines Essen und wird von Lea Linster mit besonderer Sorgfalt behandelt. Hier schneidet sie den Steakrand ein.

Schweinekotelett mexikanisch

1 Ich schäle den Ingwer und schneide die Hälfte davon in dünne Scheiben, die andere Hälfte reibe ich. Die Zitrusfrüchte werden heiß abgewaschen, und jeweils von der halben Frucht wird die Schale fein abgerieben – das geht sowohl beim Ingwer als auch bei den Zitrusfrüchten ganz wunderbar mit der Microplane.

2 Den Saft einer halben Orange presse ich aus. Die Chilischote entkerne ich und schneide sie fein – Sie wissen ja, wegen der Schärfe arbeiten Sie dabei am besten mit Gummihandschuhen.

3 So, nun verrühre ich die Zitrusschalen, den geriebenen Ingwer, die Ingwerscheiben, den Zucker, den Chili und den Tequila und gebe noch Salz und Pfeffer aus der Mühle hinein. Voilà! In dieser Mixtur lege ich die Koteletts ein, bestreue sie mit den Blättchen vom frischen Koriander und lasse sie so eine Stunde ziehen.

4 Ich erhitze dann die geklärte Butter und brate die Koteletts von jeder Seite vier Minuten. Die Marinade gebe ich in die Pfanne und lasse sie aufkochen. Alles darf auf dem ausgeschalteten Herd noch fünf Minuten ziehen und ist dann perfekt. Bon appétit!

TIPP: Es lohnt sich unbedingt, die Koteletts eine Stunde in der leckeren Marinade ziehen zu lassen! Sie eignet sich übrigens für alle Steaks und besonders gut, wenn Steaks auf einem Schwenkgrill gebraten werden.

FÜR 2 PERSONEN *ohne Foto*

1 Stück frischer Ingwer • ½ Bio-Limette • ½ Bio-Zitrone • ½ Bio-Orange • 1 Chilischote • ½ TL brauner Zucker • 2 cl Tequila • Meersalz • Pfeffer • 2 Schweinekoteletts (à ca. 200 g) • 1–2 EL Korianderblättchen • 2 EL geklärte Butter

Gute Laune auch bei Stress: Lea Linster entspannt sich zwischendurch auf der Terrasse in Frisange.

Soßen sind die Vollendung der feinen Küche. Lea ist die Meisterin!

Soße von roten Früchten *Seite 116*

114

»Männer lieben es zu grillen. Auch mein Sous-Chef Korbinian Wolf – hier auf unserer Restaurant-Terrasse.«

Soße von roten Früchten

1 Ich lasse die Kirschen abtropfen und fange den Saft auf. In der Pfanne erhitze ich inzwischen 20 Gramm von der Butter, gebe die Kirschen hinein und den Zucker darüber. Sobald die Kirschen karamellisiert sind, gieße ich das Kirschwasser dazu und zünde es an.

2 Wenn das Kirschwasser aufhört zu brennen, gieße ich den Rotwein und 100 Milliliter vom Kirschsaft dazu. Den zerdrückten Wacholder und das kleine Lorbeerblatt gebe ich in ein Gaze-Säckchen oder einen Teefilter, verschließe es mit Küchengarn und lege es mit hinein. So lasse ich die Flüssigkeit etwa fünf Minuten einkochen.

3 Voilà! Jetzt fische ich das Gewürzsäckchen raus und püriere die Kirschsoße mit dem Stabmixer. Ich gebe die roten Beeren, den Rotweinessig und den Balsamico dazu und lasse alles bei kleiner Hitze etwa zwölf Minuten köcheln.

4 Die Soße würze ich mit Salz und Pfeffer aus der Mühle. Ich püriere sie noch einmal und streiche sie durch ein Haarsieb, damit alle Kerne verschwinden.

5 Ich verrühre nun die Speisestärke mit zwei bis drei Esslöffel Wasser oder Kirschsaft, lasse die Soße kurz aufkochen und binde sie mit der Stärke. Zum Schluss montiere ich sie noch mit ein paar Flocken eiskalter Butter und schmecke nochmals mit Salz und Pfeffer ab.

TIPP: Die Fruchtsoße ist ideal zu rotem Fleisch und allem Geflügel.

FÜR 4 PERSONEN *Foto Seite 114*

1 Glas Schattenmorellen (250 g)
• 50 g Butter • 3 EL Zucker • 4 cl Kirschwasser • 75 ml Rotwein
• 3 Wacholderbeeren • 1 Lorbeerblatt
• 200–250 g rote Beeren (Himbeeren, Heidelbeeren, Erdbeeren oder TK-Beeren-Mischung) • 2 EL Rotweinessig
• 2 EL Balsamico • Meersalz • Pfeffer
• 1 TL Speisestärke

»Bitte seien Sie beim Flambieren vorsichtig!«

Madeira-Balsamico-Soße

1 Ich würfele die Schalotte fein, brate sie in 20 bis 30 Gramm Butter goldbraun an und lösche mit Madeira ab. Nun gebe ich kräftig Pfeffer aus der Mühle darüber und lasse alles auf die Hälfte einkochen.

2 Ist das passiert, rühre ich den gelierten Kalbsjus hinein. Wenn Sie den nicht bekommen, können Sie auch Kalbsfond nehmen: Den lassen Sie aber bitte in einem anderen Topf erst auf die Hälfte einkochen, bevor Sie ihn zur Madeirasoße geben!

3 Nun kommt der Balsamico zur Soße. Ich gebe noch etwas Zucker hinein und rühre zum Schluss die restliche Butter unter – wie immer soll sie eiskalt sein, damit sie die Soße schön bindet.

TIPP: Die kräftige Soße passt ausgezeichnet zu den Tournedos von Seite 109, zu allen Rinder- und Lammsteaks und zu Wild.

FÜR 4 PERSONEN *Foto links oben*

1 Schalotte • 40–50 g Butter • 120 ml Madeira • Pfeffer
• 100 ml Kalbsjus (geliert) oder 200 ml Kalbsfond • 3 EL Balsamico • ½ TL Zucker

Pfifferling-Sherry-Soße

1 Die Schalotte würfele ich fein und dünste sie in der Butter an. Die geputzten Pfifferlinge gebe ich mit in die Pfanne und dünste die Pilze an, bis alle Flüssigkeit verdampft ist.

2 Dann lösche ich mit dem Portwein und dem Sherry ab, gebe den Thymian und den gehackten Knoblauch hinein. Ich lasse alles bei großer Hitze auf die Hälfte einkochen. Zum Schluss gieße ich die Sahne dazu, schmecke mit Salz und Pfeffer aus der Mühle ab. Nun lasse ich die Soße noch einmal einkochen, bis sie leicht sämig wird. Voilà!

TIPP: Die feine Pilzsoße passt zu Kalb, Rind und Schwein.

FÜR 4 PERSONEN *Foto links Mitte*

1 Schalotte • 20 g Butter • 150 g Pfifferlinge • 60 ml weißer Portwein • 60 ml Sherry dry • 1 Thymianzweig
• ¼ Knoblauchzehe • 200 g Sahne • Salz • Pfeffer

Tomaten-Kräuter-Soße

1 Den Knoblauch und die Zwiebel würfele ich fein und dünste sie im Olivenöl glasig. Ich schneide die Tomaten in Stücke und gebe sie mit in den Topf. Thymian und Lorbeer hinein, mit Meersalz und Pfeffer aus der Mühle würzen und 30 Minuten leise köcheln lassen.

2 Ich rühre Tomatenmark unter, lasse die Soße aufkochen, nehme die Kräuter raus, püriere die Soße per Stabmixer, passiere sie durchs Haarsieb und schmecke mit Salz und Zucker ab. Für alles zu gebrauchen!

FÜR 4 PERSONEN *Foto links unten*

1 Knoblauchzehe • 1 Zwiebel • 2 EL Olivenöl • 500 g Tomaten
• 1 Thymianzweig • 1 Lorbeerblatt • Meersalz • Pfeffer • 1 EL Tomatenmark • etwas Zucker

Kräuterbutter mit Schalotten

1 Die weiche Butter vermische ich mit den sehr fein geschnittenen Kräutern, nur die Petersilie hacke ich. Ich gebe dann Salz, Pfeffer aus der Mühle und den Zitronensaft dazu.
2 Die kleinen Schalotten und die Knoblauchzehe ziehe ich ab und würfele sie fein. Ich dünste sie im Portwein in einer kleinen Pfanne, bis alle Flüssigkeit verdampft ist. Wenn die Schalotten abgekühlt sind, rühre ich sie unter die Butter.
3 Ich lasse die Kräuterbutter im Kühlschrank leicht fest werden, gebe sie dann auf Frischhaltefolie und forme dünne Rollen daraus. Die lege ich in den Tiefkühler und habe so für alle Gelegenheiten meine feine Kräuterbutter parat – vor allem für meine Steaks!

FÜR 8–10 SCHEIBEN   Foto oben links

200 g Butter • 3 EL Kräuter (Basilikum, Dill, Schnittlauch, Petersilie, Kerbel, Koriander) • Meersalz • Pfeffer
• 2 TL Zitronensaft • 1–2 Schalotten • 1 Knoblauchzehe
• 50 ml weißer Portwein

Frittierte Salbeiblätter

Ich wasche den Salbei, tupfe ihn mit Küchenpapier sorgfältig trocken und zupfe die Blätter von den Stängeln. Ich erhitze das Öl in der Pfanne und frittiere die Blätter kurz. Mit einer Schaumkelle hole ich sie heraus, lasse sie auf Küchenkrepp abtropfen und würze sie kräftig mit Meersalz und einem Hauch Zucker. Das perfekte Topping für alle Steaks, besonder für die Minutensteaks von Seite 112.

FÜR 4–6 STEAK-TOPPINGS   ohne Foto

1 Bund Salbei • 100 ml neutrales Öl • Meersalz • etwas Zucker

Remouladensoße

1 Als Basis mache ich eine einfache Mayonnaise: Ich schlage die Eigelb – sie müssen absolut frisch sein und Zimmertemperatur haben – kräftig mit dem Schneebesen oder dem Handrührgerät auf und lasse das Olivenöl in einem dünnen Faden dazulaufen. Voilà.
2 Ich püriere dann die Tomaten im Mixer, gieße sie durch ein Haarsieb und fange auch die klare Flüssigkeit auf, die nehme ich nachher zum Abschmecken der Remoulade.
3 Die Basis-Mayonnaise verrühre ich jetzt mit Senf, Kapern, gewürfelten Cornichons und der klein geschnittenen Schalotte. Ich schneide die Kräuter fein und rühre sie ebenfalls unter. Die Remoulade bringe ich mit zwei bis drei Esslöffel klarem Tomatensaft auf eine schöne Konsistenz. Zum Schluss schmecke ich noch mit Salz und etwas Piment d'Espelette ab. Fertig – und viel besser als aus dem Glas!

TIPP: Die Remouladensoße schmeckt toll zu allem Fleisch und auch zu hart gekochten Eiern.

FÜR 4–6 PERSONEN   Foto links

2 Tomaten • 1–2 TL Dijon-Senf • 1–2 EL kleine Kapern (abgetropft) • 3–4 Cornichons • 1 Schalotte
• ½ Bund Schnittlauch • ½ Bund Petersilie • Meersalz
• etwas Piment d'Espelette
***Basis-Mayonnaise:** 2 Eigelb • 250 ml Olivenöl*

SÜSS & SALZIG AUS DEM OFEN

»Ein guter Ofen ist wie ein guter Freund. Ist er erst einmal auf die richtige Temperatur gebracht, kann nichts mehr schiefgehen. Er backt feine Tartes genauso gern wie leckeren Obstkuchen vom Blech, er lässt leichten Cheesecake gelingen und zarte Hauben aus Baiser. Und er ist für Deftiges prima zu gebrauchen: vom Speck-Gugelhupf bis zum provenzalischen Zwiebelkuchen. Schön, sich mal zurückzulehnen und alles den Ofen machen zu lassen. Jedenfalls, wenn gerade mal kein anderer Freund in der Nähe ist.«

Ihre Tarte Tatin
macht Lea Linster
gern in Portions-
förmchen oder
– wie hier – in
normaler Größe.

Klassische Tarte Tatin
mit Walnuss-Sahne

1 Zuerst der Teig: Ich lasse die Butter schön weich werden, teile sie in Flöckchen und vermische diese mit dem Mehl, dem Zucker, einer guten Prise Salz und einem mittelgroßen Ei. Wie immer verrühre ich die Zutaten schnell mit den Knethaken des Handrührers, anschließend knete ich alles mit den Händen zu einem glatten Teig. Meinen Teig wickle ich dann ordentlich in ein großes Stück Frischhaltefolie und lege ihn für mindestens eine halbe Stunde in den Kühlschrank.

2 Für die Füllung schmelze ich den Zucker und den Zitronensaft in einer kleinen Pfanne. Ich füge Butter hinzu und lasse sie ebenfalls darin schmelzen. Unter ständigem Rühren verarbeite ich alles in der heißen Pfanne zu einem hellbraunen Karamell.

3 Nun zu den Äpfeln. Wie für alle Apfelkuchen ist natürlich ein Boskop gut. Für die Tarte Tatin finde ich aber einen nur leicht säuerlichen Holsteiner Cox herrlich! Pro Person rechne ich einen halben Apfel. Also, wie immer, schäle ich die Äpfel und entferne die Kerngehäuse.

4 Wenn ich die Tarte Tatin in Portionsförmchen machen möchte, verteile ich meinen Karamell auf vier kleine Förmchen und lege die Äpfel darauf – jeweils eine Hälfte. Wenn die Äpfel zu groß sind, kann man sie auch gern in breite Spalten schneiden.

5 Den fertigen kühlen Teig rolle ich dünn aus und schneide Kreise aus, die etwas größer sein müssen als meine Formen. Mit jeweils einer Teigplatte decke ich die Apfelförmchen rundherum ab.

6 Inzwischen heize ich den Ofen auf 180 Grad vor (Umluft 160 Grad, Gas Stufe 3–4) und stelle die Förmchen auf der zweiten Schiene von unten hinein – so lange, bis sie gut sind und der Teig leicht hellbraun. Das dauert etwa eine halbe Stunde. Ich hole die Förmchen aus dem Backofen und stürze sie sofort auf Teller oder kleine Platten zum Servieren. Die Tarte Tatin schmeckt lauwarm oder kalt wunderbar.

7 Mein Favorit dazu: eine Nuss-Sahne. Dafür hacke ich die Walnüsse und karamellisiere sie. Ich gebe also ein gutes Stück Butter in die Pfanne, erhitze sie, bis sie schäumt, und gebe die Walnüsse mit dem Zucker kurze Zeit dazu. Einen Becher Sahne schlage ich nicht ganz steif, gebe ein bis zwei Esslöffel Ahornsirup darüber und dann die karamellisierten Nüsse obendrauf. Einfach perfekt!

TIPP: Wenn Sie die Tarte Tatin lieber im Ganzen und nicht in Einzelformen machen wollen: ebenfalls die Apfelhälften oder -spalten auf den Karamell in die Form geben, den Teig in einem Stück etwas größer als die Form ausrollen und alles gut abdecken.

FÜR 4 PERSONEN   Foto links

Teig: 120 g Butter • 200 g Mehl • 50 g Zucker • 1 Prise Salz • 1 Ei
Füllung: 100 g Zucker • ½ Zitrone • 40 g Butter • 2 Äpfel (am liebsten Holsteiner Cox)
Nuss-Sahne: 50 g Walnusskerne • 1 EL Butter • 2 EL Zucker • 200 g Sahne • 1–2 EL Ahornsirup

»Zum Backen und Süßen braucht man oft Vanillezucker. Der ist schnell selbst gemacht: eine Vanilleschote auskratzen und das Mark in ein Glas mit Zucker geben – fertig!«

1 + 2 Für die Füllung macht Lea Linster einen Karamell – aus Zitronensaft, Zucker und Butter.
3 Sie verteilt den Karamell in die Förmchen und gibt die halben Äpfel oder dicke Apfelspalten darauf.
4 + 5 Den dünn ausgerollten Teig legt Lea auf die Förmchen und schiebt sie in den heißen Ofen.

Zitronentörtchen mit Baiserhaube *Seite 124*

Cheesecake auf die
leichte Art *Seite 124*

Zitronentörtchen mit Baiserhaube

1 Wie immer rühre ich für den Teig zuerst 125 Gramm von der Butter und den Puderzucker schaumig, der Zucker soll sich ganz auflösen. Dann hebe ich das Ei, das ausgekratzte Vanillemark, das Salz und die gemahlenen Mandeln unter und zum Schluss 200 Gramm Mehl. Diesen Teig decke ich mit Frischhaltefolie zu und stelle ihn für mindestens 30 Minuten in den Kühlschrank.

2 Mit der restlichen Butter fette ich die runden Förmchen (acht Zentimeter Durchmesser) ein und drücke in jede Teig, so dass der Boden bedeckt ist und auch der Rand. Wenn der Teig nicht fest genug ist, knete ich schnell noch etwas Mehl unter.

3 Im vorgeheizten Backofen backe ich den Boden hellbraun, das dauert etwa zwölf Minuten bei 175 Grad (Umluft 150 Grad, Gas Stufe 3–4). Ich nehme den Teig gleich aus den Förmchen und lasse ihn auskühlen.

4 Ist das geschafft, fülle ich die vorbereitete Zitronencreme (Lemon-Curd) in die gebackenen Törtchen.

5 Für die Baiserhaube schlage ich Eiweiß steif und lasse den Zucker einrieseln. Die Mérengue (Baisermasse) fülle ich in einen Spritzbeutel mit Sterntülle und setze rundherum Tupfer auf die Zitronencreme. Den Baiser flämme ich dann noch schnell mit einem Bunsenbrenner, den man auch für Crème brûlée braucht, ab. Sie können die Törtchen sonst kurz unter dem heißen Grill bräunen.

TIPP: Die Törtchen sind eine super Basis für jedes Obst, besonders für Erdbeeren, Johannisbeeren, Himbeeren und Aprikosen.

Variante: Wenn es Ihnen mit dem Baiser mal zu viel Arbeit ist: Schnell Sahne mit ein bisschen Vanillezucker schlagen und die Törtchen damit verzieren. Das schmeckt auch ganz wunderbar!

FÜR 12 STÜCK Foto Seite 122

*140 g Butter • 180 g Puderzucker • 1 Ei • ½ Vanilleschote
• 1–2 Messerspitzen Salz • 25 g Mandeln (gemahlen)
• 200–220 g Mehl • 12 EL Zitronencreme*
Zitronencreme: *Lemon-Curd (Seite 149)*
Mérengue (Baisermasse): *2 Eiweiß • 80 g Puderzucker*

*»Für die Zitronen-
törtchen müssen Sie
zuerst das Lemon-
Curd vorbereiten.«*

Cheesecake – auf die leichte Art

1 Zuerst backe ich den ganz einfachen Boden. Dafür nehme ich am liebsten eine Mischung aus braunen Kuchen und Leibniz-Keksen, das ist für den Geschmack und die Konsistenz am besten. Ich lege die Kekse auf ein großes Stück Frischhaltefolie, zerbrösele sie mit einer Teigrolle und binde die Brösel dann mit der weichen gesalzenen Butter und dem flüssigen Eiweiß. Ich verrühre das Ganze und drücke die Masse in eine Backform von 18 Zentimeter Durchmesser – der Boden soll etwa einen halben Zentimeter hoch werden.

2 Falls noch etwas von den Bröseln übrig bleibt, umso besser! Ich rolle sie zu einem kleinen Block aus, den ich auf Backpapier lege und mitbacke – die gebackenen Brösel kann ich dann später gut für die Dekoration brauchen.

3 Ich heize nun den Backofen auf 170 Grad vor (Umluft 150 Grad, Gas Stufe 3) und backe den Keksboden (und das Deko-Stück) etwa zehn Minuten lang. Den fertigen Boden lasse ich anschließend auf einem Kuchengitter gut auskühlen.

4 Inzwischen mache ich die Füllung. Sie ist die Basis, die beliebig abgewandelt werden kann (Tipp). Zunächst weiche ich die Gelatineblätter in kaltem Wasser ein. In einem kleinen Topf erhitze ich zwei Esslöffel von der Sahne, drücke die Gelatine gut aus und löse die ausgedrückte Gelatine darin auf, immer gut rühren! Ich schlage das Eiweiß steif und lasse dabei ganz langsam den Zucker einrieseln. Außerdem schlage ich die restliche Sahne steif. Voilà, nun ist schon alles vorbereitet.

5 Ich brauche nur noch einen Becher Doppelrahmfrischkäse. Den Frischkäse rühre ich glatt, gebe dann einen guten Spritzer Zitronensaft hinein und die Gelatine-Sahne. Wieder gut glatt rühren. Unter diese schöne cremige Masse hebe ich nun zuerst das steif geschlagene Eiweiß und zum Schluss die steife Sahne.

6 Die Frischkäse-Masse fülle ich in die Form auf den ausgekühlten Boden und verstreiche sie gut mit dem Kuchenmesser, so dass eine ganz glatte Oberfläche entsteht. Ich nehme den Kuchen aus der Form, dekoriere ihn auf eine schöne Platte und gebe noch einen Streifen von gebackenen Keksbröseln darüber. Die Torte ist immer ein Genuss, auch wenn man ein paar Weihnachtskekse übrig hat. Bon appétit.

TIPP: Das Gute an diesem Käsekuchen ist, dass er keine Jahreszeit braucht. Ich liebe ihn so pur nur mit Frischkäse. Sie können ihn aber auch mit frischen Himbeeren, Kirschen, Johannisbeeren oder anderen Sommerfrüchten verfeinern, genauso wie mit Orangen, Zitronensaft oder Konfitüre – ganz nach Lust und Laune.

FÜR 4 STÜCKE Foto Seite 123

*100 g Kekse (z.B. braune Kuchen, Leibniz-Kekse, Spekulatius)
• 30 g gesalzene Butter • 1 EL Eiweiß*
Füllung: *2–3 Blatt weiße Gelatine • 100 g Sahne • 1 Eiweiß
• 1 EL Zucker • 170 g Doppelrahmfrischkäse (z.B. Philadelphia)
• etwas Zitronensaft*

Backpapier aus und fette den Rand der Form mit Butter, damit mir der Teig nicht daran festkleben kann.

5 Jetzt muss ich nur noch die Zwiebelmasse gleichmäßig auf den Teig verteilen und die Tarte etwa 30 Minuten auf der untersten Schiene im heißen Ofen backen: Danach soll der Teig am Rand kross sein und die Zwiebeln ein bisschen braun.

6 Ich nehme sechs bis zehn Anchovisfilets aus dem Glas, spüle das Salz ab und halbiere sie längs. Ich dekoriere sie ganz nach Lust und Laune auf die Tarte und dazu schwarze Oliven, die ich halbiert und entkernt habe. So schiebe ich die Zwiebeltarte noch einmal für rund 20 Minuten in den heißen Backofen, dann ist die Pissaladière perfekt. Dazu schmeckt mir ein frischer Rosé aus der Provence. Genießen Sie's!

FÜR 6 PERSONEN Foto links

1,5 kg Zwiebeln • 10 g Butter • 6–10 Anchovisfilets (Glas)
• 10 schwarze Oliven
Teig: 250 g Mehl • 5 EL Olivenöl • 1 Ei • etwas Meersalz

Pissaladière – provenzalischer Zwiebelkuchen

1 Für die Spezialität aus Nizza nehme ich schöne dicke Zwiebeln. Ich ziehe die Schale ab, schneide die Zwiebeln klein und gebe sie in einen großen Topf. Nur eine Tasse Wasser mit hinein – so lasse ich die Zwiebeln 45 Minuten auf kleiner Flamme weich köcheln und danach etwas abkühlen. Es kann sein, dass die Zwiebeln beim Garen Flüssigkeit abgeben, die schöpfe ich ab, oder dass die Zwiebeln noch etwas Wasser brauchen, das füge ich dazu. Alles hängt von der Größe des Topfes und auch der Zwiebelsorte ab.

2 Inzwischen mache ich den Teig. Ich gebe das Mehl in eine große Rührschüssel, das Olivenöl und das Ei dazu. Ich verrühre alles, füge noch ein paar Esslöffel lauwarmes Wasser dazu und etwas Salz. Es soll ein schöner, weicher Knetteig werden.

3 Den Teig drücke ich auf der leicht bemehlten Arbeitsfläche platt und rolle ihn aus. Dann falte ich ihn mehrfach wie einen Blätterteig und stelle ihn für eine halbe Stunde im Kühlschrank kalt, damit er sich gut ausrollen lässt.

4 Den Backofen heize ich nun schon mal auf 180 Grad vor (Umluft 160 Grad, Gas Stufe 3–4). Den Teig rolle ich schön dünn in der Größe meiner Tarteform aus (sie soll 28 bis 30 Zentimeter Durchmesser haben). Den Boden der Form lege ich mit einem passend zugeschnittenen

Hier ist mal wieder Fingerspitzengefühl gefragt: Je nach Art der Zwiebeln bemisst Lea Linster die Flüssigkeitsmenge. Und geschickt gibt sie den Teig in die Form.

Gemüse-Pie mit
Ziegenfrischkäse *Seite 128*

Croissants *Seite 129*

Pflaumenkuchen vom Blech *Seite 128*

Gemüse-Pie mit Ziegenfrischkäse

1 Für den Teig verknete ich zuerst die Butter, das Salz und das Mehl zusammen mit sechs Esslöffel Wasser. Diesen glatten Pie-Teig lasse ich eine halbe Stunde ruhen.

2 Jetzt teile ich den Teig in vier Portionen, rolle ihn auf etwas Mehl aus und kleide vier kleine Cocotten damit aus, so dass der Teig über den Rand ragt und ich ihn nachher über die Füllung decken kann. Aus den Teigresten forme ich vier kleine Blüten.

3 Inzwischen schäle ich die Paprika und schneide sie in feine Streifen. In heißem Olivenöl dünste ich sie zusammen mit ein paar Thymianblättchen und Salz an.

4 Den Backofen heize ich jetzt auf 160 Grad vor (Umluft 140 Grad, Gas Stufe 3). Ich verquirle die kleinen Eier und die Sahne und würze die Flüssigkeit mit Salz und Pfeffer.

5 Nun gebe ich die Paprikastreifen auf den Teig in die Cocotten, lege den Ziegenkäse in der Mitte darauf und gieße dann die vorbereitete Eiersahne darüber. Ich schlage den Teig über der Füllung zusammen und verziere das Ganze mit den Teigblüten. Den Teig bestreiche ich dann noch mit etwas Eigelb und backe meine kleinen Pies im Backofen etwa 40 Minuten. Bon appétit!

FÜR 4 PERSONEN *Foto Seite 126*

je 1 grüne, gelbe und rote Paprikaschote • 2 EL Olivenöl
• 2 Thymianzweige • Meersalz • 2 Eier • 75 g Sahne • Pfeffer
• 120 g Ziegenfrischkäse • 1 Eigelb
***Teig:** 200 g Butter • 1 TL Salz • 250 g Mehl*

Pflaumenkuchen vom Blech

1 Zuerst mache ich den Mürbeteig. Dafür kratze ich die Vanilleschote aus. Ich verrühre Mehl, Zucker und Salz und gebe die kalten Eier und die kalte Butter zu. So knete ich alles schnell zu einem Teig. Den lasse ich dann noch mindestens eine halbe Stunde im Kühlschrank ruhen.

2 Ich mahle die Mandeln fein und vermische Mandelmehl und Stärke. Mit dem Handrührgerät schlage ich die Butter und den Puderzucker schaumig. Ich rühre die Eier unter und schlage so lange weiter, bis die Masse schön cremig ist – Sie wissen ja, das dauert ein bisschen. Zum Schluss ziehe ich die Mandel-Stärke-Mischung darunter.

3 Nun bereite ich die reifen Pflaumen vor: Am besten wird der Kuchen, wenn sie ein bisschen schrumpelig sind, weil sie dann kein Wasser abgeben! Ich wasche sie kurz, halbiere sie und hole die Kerne raus.

4 Ich lege ein Backblech mit Backpapier aus und lege den ausgerollten Mürbeteig darauf. Je nach Größe des Backblechs bleibt eventuell etwas Teig übrig, den ich dann für später einfriere. Obendrauf verteile ich gleichmäßig die Ei-Mandel-Masse und lasse dabei rundherum einen kleinen Rand frei. Auf diesen Untergrund verteile ich meine Pflaumen.

5 Den Backofen heize ich auf 180 Grad vor (Umluft 160 Grad, Gas Stufe 3–4) und backe den Kuchen auf der unteren Schiene 40 Minuten.

TIPP: Der Blechkuchen schmeckt auch mit Zwetschen, Renekloden oder Aprikosen sehr gut.

FÜR 12 STÜCKE *Foto Seite 127*

1,5 kg Pflaumen • 100 g Mandeln (gemahlen) • 1 TL Speisestärke
• 100 g Butter • 100 g Puderzucker • 2 Eier
***Teig:** 1 Vanilleschote • 500 g Mehl • 200 g Zucker • 1 Prise Salz*
• 2 Eier • 300 g Butter

Leas Service-Team in Frisange hat auch einen Stern verdient: Michelle Schön, Restaurant-Direktor Frederik Royer, Gabriel Maillard, Alexandre Gérard, Jean-Christostome Iffrig und Sommelier Aurélien Lion.

Ofenfrische Croissants

1 Ich gebe das Mehl, den Zucker, das Salz, die Hefe, die Milch und die geschmolzene Butter in die Küchenmaschine und vermische sie mit den Knethaken. So kommt der Teig für 24 Stunden in den Kühlschrank.
2 Den fertigen Teig rolle ich auf wenig Mehl zu einem Rechteck aus und markiere Drittel. Die weiche, noch kühle Butter lege ich in Scheibchen in das mittlere Drittel. Ich schlage erst die eine Teighälfte darüber, dann die andere, schließlich rolle ich den Teig wieder auf die ursprüngliche Größe aus. Den Vorgang mit dem Überklappen und Ausrollen wiederhole ich noch dreimal – natürlich ohne erneut Butter draufzulegen. Bitte seien Sie vorsichtig: Beim Ausrollen darf der Teig nicht beschädigt werden, und es darf keine Butter aus dem Teig quillen!
3 Ist das geschafft, entsteht ein Teig-Rechteck, das ich in Streifen von etwa acht Zentimeter Breite schneide. Die Streifen halbiere ich quer zu Dreiecken, die ich von der Längsseite her zu Röllchen aufdrehe und dann zu Hörnchen forme. Voilà!
4 Nun verrühre ich das Eigelb und zwei Esslöffel Wasser und bestreiche die Croissants damit. Zuerst müssen sie so eine Stunde lang im Kühlschrank ruhen. Dann lege ich Backbleche mit Backpapier aus, lege die Croissants darauf und brauche wieder Geduld: Denn nun ruhen sie noch einmal zwei Stunden bei Zimmertemperatur!
5 Den Backofen heize ich rechtzeitig auf 200 Grad vor (Umluft 180 Grad, Gas Stufe 4) und backe die Croissants dann sechs Minuten im heißen Ofen. Zum Schluss reduziere ich die Hitze auf 150 Grad (Umluft 130 Grad, Gas Stufe 2–3), drehe das Blech und backe die Hörnchen nochmals etwa zehn Minuten.

TIPP: Croissants machen viel Arbeit und brauchen zwischendurch viel Zeit zum Ruhen und Gehen, deshalb lohnt es sich, ein Teil davon einzufrieren. Backen Sie sie also die sechs Minuten bei 200 Grad, lassen Sie sie dann abkühlen und frieren Sie sie einzeln vor. Die tiefgekühlten Croissants werden später mit Eigelb bestrichen und in zehn Minuten bei 200 Grad (Umluft 180 Grad, Gas Stufe 4) goldgelb gebacken.

Variante Espresso-Croissants: Wenn Sie das Ei zum Bestreichen statt mit Wasser mit Espresso verquirlen, gibt das eine noch schönere Farbe und einen kleinen Karamellgeschmack.

FÜR 40 STÜCK *Foto Seite 126*

500 g Mehl • 60 g Zucker • 1 TL Salz • 25 g Hefe • ca. 260 ml Milch • 50 g geschmolzene Butter • Mehl zum Ausrollen • 200 g Butter • 1 Eigelb

»Aufgepasst: Croissant-Teig muss 24 Stunden vor dem Backen ruhen!«

Birnentarte

1 Für den Tarteteig vermische ich zuerst das Mehl, den Zucker und das Salz. Dann rühre ich die weiche Butter in Flöckchen darunter. Ich verrühre das Öl, die Sahne und das Eigelb, gebe es zur Mehlmischung und verknete jetzt alles schnell zu einem glatten Mürbeteig. Den wickle ich wie immer gut in Frischhaltefolie und stelle ihn für 30 Minuten in den Kühlschrank.
2 Eine Pie-Form (Durchmesser 26 Zentimeter) fette ich mit Butter aus und drücke den kühlen Mürbeteig schnell hinein.
3 Inzwischen habe ich die Birnen geschält, halbiert und die Kerngehäuse herausgeholt. Wenn die Birnen schön reif und weich sind, geht das ganz einfach mit einem Teelöffel. Die Birnenhälften ritze ich mehrfach ein und lege sie so in die Form auf den Teig.
4 Nun verrühre ich die Sahne, die Milch, die Eier und den Zucker und gieße die Flüssigkeit über die Birnen.
5 Im Ofen backe ich die Tarte auf der unteren Schiene bei 180 Grad (Umluft 160 Grad, Gas Stufe 3–4). Nach einer Stunde ist die köstliche Birnentarte fertig und wird noch schnell mit ein bisschen Puderzucker bestäubt. Genießen Sie's!

TIPP: Bei dieser Formgröße ragen die Birnen etwas aus dem Guss. Wenn Sie es lieber mögen, können Sie eine kleinere Form nehmen, so sind die Birnen ganz und gar bedeckt. Beides schmeckt wunderbar.

Variante: Die Tarte funktioniert genauso gut mit mürben Äpfeln.

FÜR 8 STÜCKE *Foto oben*

Teig: 175 g Mehl • 50 g Zucker • 1 Prise Meersalz • 65 g Butter • 2–3 Öl (z.B. Sonnenblumenöl) • 3 EL Sahne • 1 Eigelb
Füllung: 5 Birnen • 100 g Sahne • 100 ml Milch • 2 Eier • 40 g Zucker
Dekoration: etwas Puderzucker

Pizettes – belegte Hefeteilchen *Seite 132*

130

Pilze, Mozzarella, Paprika, Sardellenfilets – Lea Linster belegt Pizettes immer neu.

Pizettes – belegte Hefeteilchen

1 Für den Teig vermische ich das Mehl, den Zucker und etwas Salz. Ich bröckele die Hefe hinein und gebe 200 Milliliter lauwarmes Wasser und das Öl dazu. So verknete ich alles zu einem glatten Teig, den ich zugedeckt mindestens eine Stunde im Warmen gehen lasse.

2 Ist das geschafft, rolle ich den Teig aus und teile ihn in acht Portionen. Ich verteile ihn auf kleine Förmchen oder lege ihn in Rechtecke geschnitten einfach ohne Form auf ein Backblech.

3 Den Backofen habe ich rechtzeitig auf 180 Grad vorgeheizt (Umluft 160 Grad, Gas Stufe 3–4). Im heißen Ofen backe ich die Pizettes nun etwa 20 Minuten.

4 Beim Belag kennt die Fantasie keine Grenzen: Ich bestreiche die Pizette auf jeden Fall mit Crème fraîche. Und belege sie heute mit Pfifferlingen, die ich geputzt und in einer kleinen Nuss Butter zusammen mit Thymian und durchwachsenem Speck kurz angebraten habe. Auf die nächste Pizette kommt eine Mischung aus Tomaten- und Mozzarellascheiben, darüber gebe ich Meersalz, Pfeffer aus der Mühle und frische Basilikumblättchen. Auf die dritte Pizette lege ich geschmorte Paprikastreifen, Chorizo und Calendulablüten. Und auf die vierte schließlich Sardellenfilets, schwarze Oliven, die ich entsteint und halbiert habe, Kapern und ein paar Rosmarinnadeln. Aber, wie gesagt, Sie können den delikaten Hefeteig auch mit anderen Sachen genießen!

FÜR 8 PIZETTES Fotos Seite 130/131

Teig: 400 g Mehl • 2 TL Zucker • Salz • 30 g Hefe
• 100 ml Olivenöl
Belag: 250 g Crème fraîche • z.B. Pfifferlinge, Thymian und
Speck • z.B. Tomate, Mozzarella und Basilikum • z.B. Paprika,
Chorizo und Calendulablüten • z.B. Sardellenfilets, schwarze
Oliven, Kapern und etwas Rosmarin

»Der Hefeteig der Pizettes ist delikat und einfach genial – denn beim Belag sind der Fantasie keine Grenzen gesetzt.«

Hefezopf

1 Ich gebe zuerst das Mehl in eine Schüssel. Jeweils ein Drittel vom Zucker, von der Hefe und vom Salz gebe ich dann punktuell in je ein Drittel der Mehloberfläche. Ich vermische diese Zutaten locker und gebe schließlich die Eier dazu.

2 Den Teig schlage ich nun so lange mit dem Handrührgerät, bis er sich vom Rand löst. Dann gebe ich die weiche Butter flöckchenweise hinein, dabei knete ich den Teig immer weiter. Den fertigen Teig bestäube ich mit etwas Mehl und stelle ihn über Nacht kühl.

3 So knete ich den Teig gut durch, natürlich mit den Händen. Aufgepasst: Der Teig ist sehr weich! Ich teile den Teig in drei Portionen, tue immer wieder ein bisschen Mehl auf meine Hände und forme den Teig zu Strängen. Die drei Stränge flechte ich dann zu einem Zopf und lasse ihn zugedeckt an einem warmen Ort zwei Stunden gehen.

4 Rechtzeitig heize ich den Backofen auf 180 Grad vor (Umluft 160 Grad, Gas Stufe 3–4). Vor dem Backen bestreiche ich den Zopf mit dem verquirlten Eigelb und backe ihn 40 Minuten im heißen Ofen.

FÜR 16 SCHEIBEN Foto rechts

500 g Mehl • 60 g Zucker • ½ Würfel frische Hefe
• 1 TL Salz • 6 Eier • 200 g Butter • Mehl zum Formen
• 1 Eigelb zum Bestreichen

Dominique Simonnet ist Lea Linsters Chef-Pâtissier. Er backt täglich die berühmten Madeleines und kreiert mit Lea neues Gebäck und raffinierte Desserts.

Damit der köstliche Hefezopf perfekt wird, lässt Lea den Teig über Nacht ruhen.

Lea Linster lässt den Plätzchenteig eine Stunde kühlen – noch besser über Nacht.

Zuckerplätzchen

1 Die weiche Butter und den Puderzucker schlage ich mit dem Handrührgerät schaumig. Die Vanilleschote schlitze ich der Länge nach auf und kratze das Mark heraus. Ich mahle die Mandeln und gebe sie zusammen mit dem Vanillemark, dem Ei und dem Salz zum Butter-Zucker-Gemisch.

2 Dann knete ich das Mehl unter, verpacke den Teig gut in Frischhaltefolie und lasse ihn so mindestens eine Stunde, lieber noch über Nacht, im Kühlschrank durchkühlen.

3 Den Backofen heize ich auf 170 Grad vor (Umluft 150 Grad, Gas Stufe 3). Den Teig rolle ich portionsweise aus, er soll nur etwa drei Millimeter dünn sein, und schneide dann Quadrate von fünf Zentimeter Länge aus. Ich lege Backbleche mit Backpapier aus, die Quadrate darauf, backe sie in etwa zwölf Minuten hellbraun und lasse sie auf Kuchengittern auskühlen.

4 Die Plätzchen sind eine Geheimwaffe: Sie schmecken zum Espresso, zum Eis, eigentlich immer. Wer mag, taucht sie noch zur Hälfte in feine Kuvertüre und hat dann Schokoplätzchen.

TIPP: Auf einer bemehlten Fläche lassen sich Plätzchen gut ausrollen, nur leider nimmt der Teig das Mehl auf und macht die Plätzchen fester. Besser ist es, den Teig auf Frischhaltefolie oder zwischen einem aufgeschlitzten Gefrierbeutel auszurollen!

FÜR 30 STÜCK Foto oben

150 g Butter • 100 g Puderzucker • 1 Vanilleschote • 30 g Mandeln (gemahlen) • 1 Ei • 1 Prise Meersalz • 250 g Mehl

Perfektion auf jedem Posten: Laura Petit, Chef de Partie, ist für die Vorspeisen verantwortlich.

Speck-Gugelhupf

1 Zuerst zerbrösele ich die frische Hefe und mische sie mit etwas Zucker, einem Schuss von der Milch und einem Esslöffel vom Mehl. Ich lasse alles so lange stehen, bis sich kleine Blasen bilden. Das nennt man in der Fachsprache den »Vorteig«.

2 Die restliche Milch erhitze ich mit 75 Gramm weicher Butter, bis sie geschmolzen ist. Die Flüssigkeit lasse ich wieder ein bisschen abkühlen und mische dann den Vorteig damit. Ich gebe das Salz, die Eier und das restliche Mehl zu und verknete alles zu einem schönen Hefeteig. Den bedecke ich mit einem Leinentuch und lasse ihn mindestens eine Stunde an einem warmen Ort gehen.

3 Nun hacke ich die Pistazien und die Mandeln und röste sie in einer Pfanne an – ganz ohne Fett. Den Speck schneide ich in sehr feine Würfelchen und brate ihn hell an. Ich nehme die Pfanne vom Herd und lasse den Speck ein bisschen abkühlen. Speck und Nüsse gebe ich zum Hefeteig und knete alles unter.

4 Ich streiche eine großen Gugelhupfform mit der restlichen Butter aus und streue sie mit den Semmelbröseln aus. Ich fülle den Teig in die Form und lasse ihn nochmals eine halbe Stunde gehen.

5 Jetzt heize ich den Backofen auf 180 Grad vor (Umluft 160 Grad, Gas Stufe 3–4) und backe den Gugelhupf etwa eine Stunde. Auf einem Kuchengitter lasse ich ihn auskühlen. Und dann genieße ich ihn mit schöner frischer Butter und am liebsten einem Glas Elsässer Riesling.

FÜR 16 STÜCKE *Foto unten*

1 Würfel frische Hefe (oder 1 Päckchen Trockenhefe) • 1 Prise Zucker • 200 ml Milch • 450 g Mehl (Type 550) • 80 g Butter • 1–2 TL Meersalz • 2 Eier • 50 g Pistazien • 50 g Mandeln • 125 g durchwachsener Speck • Semmelbrösel für die Form

»Diesen Gugelhupf liebe ich, seit ich ihn bei meiner Freundin und Köchin Christine Ferber im Elsass entdeckt habe.«

Lea pflegt die Tradition: Der Gugelhupf wird mit frischer Butter genossen.

HIMMLISCHE VERFÜHRUNGEN

»Schon als Kind liebte ich die zauberhafte Welt der Süßspeisen. Den intensiven Duft von selbst gemachtem Vanilleeis, die zarte Textur der Éclairs, den klaren Geschmack eines feinen Käsekuchens. Gibt es noch Schöneres, als den Teig vom Finger zu lecken? Für dieses Glück braucht es nicht viel. Butter, Zucker, Eier, Mehl – das ist die gute Basis für viele himmlische Verführungen. Süß sollen sie sein, aber keinesfalls zu süß. So wie meine Crème brûlée – sie hält, was sie verspricht, bietet immer vollendeten Genuss unter hauchdünnem knackigem Karamell.«

Pistazien-Parfait mit
orangierten Erdbeeren *Seite 141*

Ananas-Carpaccio mit
Joghurteis *Seite 141*

Süß, warm, köstlich!
Lea Linster gart die
Äpfel in Cidre, franzö-
sischem Apfelwein.

Bratäpfel mit Amaretti-Füllung

1 Die Amaretti – es sollen die kleinen braunen sein, die man in Italien zum Espresso bekommt – zerbrösele ich grob und mische sie mit der Butter. Wenn es schön süß sein soll, gebe ich auch noch ein bisschen Zucker darunter.

2 Ich wasche die säuerlichen reifen Äpfel, trockne sie ab und steche dann die Kerngehäuse mit einem Apfelausstecher aus. Aber aufgepasst: Bitte nicht ganz durchstechen, damit noch ein kleiner Boden für die Füllung bleibt.

3 Die Amaretti-Mischung gebe ich nun in die Äpfel und setze die Äpfel in eine Auflaufform. Ich gieße einen guten Schuss Cidre zu und gare die Äpfel im Backofen bei 170 Grad (Umluft 150 Grad, Gas Stufe 3). Nach etwa 45 Minuten sind sie wunderbar.

4 Für die Schönheit kommt noch ein bisschen Puderzucker obendrauf. So passen sie gut zum Winter – sie sind ein Genuss, wenn es draußen stürmt und schneit!

FÜR 4 PERSONEN   Foto links

20 kleine Amaretti-Kekse • 4 TL Butter • evtl. 1–2 TL Zucker • 4 Äpfel (z. B. Boskop) • 100 ml Cidre • etwas Puderzucker

Pistazien-Parfait mit orangierten Erdbeeren

1 Als Grundlage fürs Parfait stelle ich Pistazienmarzipan her. 35 Gramm Pistazien gebe ich mit 35 Gramm Marzipan, einem gehäuften Esslöffel Puderzucker, etwas Kirschwasser und dem flüssigen Eiweiß (etwa ein Esslöffel voll) zusammen in den Blitzhacker und verarbeite alles zu einer grünen Marzipanpaste.

2 Nun geht's ans Parfait: Ich koche dafür den Zucker mit 30 Milliliter Wasser in einem kleinen Topf so lange, bis ein heller Zuckersirup entstanden ist. Dann gebe ich die Eigelb in einen Schlagkessel aus Metall und verrühre sie mit den Schneebesen des Handrührers. Dabei träufele ich den Zuckersirup hinein. Voilà.

3 Die Eimasse muss ich jetzt so lange schlagen, bis sie hellgelb und luftig ist. Sie wissen ja, das dauert seine Zeit. Erst dann rühre ich auch das Pistazienmarzipan darunter (mit den Schneebesen, damit es sich perfekt verteilt) und zum Schluss noch die steif geschlagene Sahne.

4 Diese glatte, luftige Masse fülle ich in Portionsschälchen, die ich möglichst bis zum Rand fülle, damit es nachher besonders raffiniert aussieht. Sie können die ganze Parfaitmasse aber natürlich genauso in eine Metallschüssel oder eine Kastenform geben. Auf jeden Fall kommt das Parfait jetzt zum Frieren in den Tiefkühler, für ein paar Stunden oder gern auch über Nacht.

5 Für den Erdbeersalat nehme ich nun schöne reife Erdbeeren und schneide die Früchte in Hälften oder Viertel. Ich mariniere sie mit Orangensaft: Eine Bio-Orange wasche ich heiß ab, ziehe die Schale mit dem Zestenreißer in dünne Fäden und presse den Saft aus. Orangenschale und -saft vermische ich einfach mit den Erdbeeren, streue eventuell noch etwas Zucker darüber und lasse alles gut durchziehen.

6 Das fertige Parfait bestreue ich vor dem Servieren mit einer dicken Schicht aus fein gemahlenen Pistazien, so dass ein grüner Teppich entsteht. Bon appétit!

TIPP: Das Pistazienmarzipan ist so gut, dass ich auch kleine Kugeln daraus formen kann, die ich als Pralinen zum Dessert serviere.

FÜR 6 PERSONEN   Foto Seite 138

Pistazienmarzipan: 35 g Pistazien • 35 g Marzipan • 1 EL Puderzucker • 1 EL Kirschwasser • 1 EL Eiweiß
Parfait: 100 g Zucker • 4 Eigelb • Pistazienmarzipan • 150 g Sahne
Dekoration: 35 g Pistazien
Erdbeersalat: 500 g Erdbeeren • 1 Bio-Orange • evtl. etwas Zucker

Ananas-Carpaccio mit Joghurteis

1 Ich schäle die Ananas und schneide sie in hauchdünne Scheiben, das geht am besten auf einer Aufschnittmaschine.

2 Von der Schale einer Limette ziehe ich zuerst Zesten ab. Ich verrühre dann den Limettensaft, die Limettenzesten (ein paar stelle ich für die Dekoration beiseite) und das Mark der Vanilleschote und träufele diese Mischung über die Ananasscheiben. Ich decke sie mit Frischhaltefolie zu und lasse sie so mindestens eine Stunde im Kühlschrank ruhen.

3 Ich richte die marinierten Ananasscheiben auf einem großen Teller an und dressiere für jeden eine Kugel Joghurteis darauf.

4 Zur Dekoration gebe ich am liebsten etwas gemahlene Pistazien und ein paar ganz feine Streifchen Limettenschale darüber. Viel Freude am sommerlichen Dessertgenuss!

FÜR 4 PERSONEN   Foto Seite 139

½ Ananas • 1–2 Bio-Limetten • 1 Vanilleschote
Joghurteis: Rezept Seite 155
Dekoration: Pistazien (gemahlen) • Limettenzesten

Lea Linster privat: Ihr Sohn Louis ist zu Besuch im heimatlichen Frisange. Der 20-Jährige studiert inzwischen in der Schweiz.

»Schokolade und
Erdbeeren sind eine
himmlische Verbindung.
Lassen Sie sich
davon verführen!«

Schokotraum mit
Erdbeersahne *Seite 144*

Schokotraum mit Erdbeersahne

1 Für den Schokoladenbiskuit schlage ich die weiche Butter, 50 Gramm vom Zucker, vier Eigelb und ein Ei schaumig. Ich löse dann die dunkle Schokolade über dem Wasserbad auf und gebe die flüssige Schokolade unter die Masse.

2 Dann schlage ich vier Eiweiß und den restlichen Zucker zu einem steifen Eischnee, den ich zusammen mit dem Kakaopulver vorsichtig unter die Schokoladen-Ei-Masse hebe. Ich lege ein Backblech mit Backpapier aus, verstreiche den Schokoladenteig darauf und backe ihn bei 180 Grad (160 Grad Umluft, Gas Stufe 3–4) etwa 20 Minuten. Den fertigen Teig stürze ich auf ein Kuchengitter und ziehe sofort das Papier ab.

3 Für die Schokoblättchen schmelze ich getrennt die dunkle und die weiße Schokolade auf dem Wasserbad. Ich lege einen Bogen Alufolie aus, darauf lasse ich eng in dünnen Fäden erst die weiße, dann die dunkle Schokolade laufen. Ich rühre die Schokoladenfäden mit einer Kuchenpalette ganz glatt und lege sie auf der Folie auf die Glasplatte in den Kühlschrank, so dass ich sie anschließend herausholen kann, ohne dass die Schokoladenplättchen zerbrechen.

4 Für den Baiser schlage ich die Eiweiß steif und lasse dabei den Zucker langsam einrieseln. Die Baisermasse fülle ich in einen Spritzbeutel und spritze dann kleine Häufchen auf ein mit Backpapier ausgelegtes Blech. Den Baiser lasse ich im Backofen bei nur 100 Grad zwei Stunden lang trocknen, danach muss er bei geöffneter Backofentür noch weitere zwei Stunden auskühlen.

5 Ich schlage die Sahne mit dem Zucker ganz steif und wasche ein paar schöne reife Erdbeeren. Eine Erdbeere schneide ich sehr klein, dünste die Würfelchen in etwas Wasser mit einer Prise Zucker und passiere den Erdbeerjus dann durchs Haarsieb, den brauche ich zur Dekoration. Die anderen Erdbeeren schneide ich »brunoise«, also zuerst in dünne Scheibchen und dann in feine Würfelchen.

6 Unter die Sahne hebe ich meine Erdbeerwürfelchen und ein paar Tropfen Zitrone. Diese Erdbeersahne fülle ich in einen Spritzbeutel mit glatter Tülle.

7 Um das kleine Kunstwerk zu dekorieren, schneide ich zunächst Rechtecke von etwa vier mal zehn Zentimeter Größe aus dem Schokoladenbiskuit und lege sie gerade auf einen großen Teller. Darauf gebe ich einige kleine Baisers. Mit dem Spritzbeutel dressiere ich dann ganz exakt die Erdbeersahne darauf. Voilà.

8 Zum Schluss hole ich die Schokolade vorsichtig aus dem Kühlschrank und schneide hauchdünne Plättchen daraus, die ganz genau auf den Biskuit und die Erdbeersahne passen sollen. Rundherum gebe ich noch ein bisschen Erdbeerjus und serviere dieses köstliche und dekorative Dessert sofort. Viel Freude am Genuss!

FÜR 16 STÜCKE Foto Seite 142

Schokobiskuit: 110 g Butter • 100 g Zucker • 5 Eier • 135 g
dunkle Schokolade (70 % Kakaoanteil) • 2 EL Kakaopulver
Schokoplättchen: 170 g dunkle Schokoladenkuvertüre
• 170 g weiße Schokoladenkuvertüre
Baiser: 4 Eiweiß (140 g) • 280 g Zucker
Erdbeersahne: 500 g Sahne • 1 TL Zucker • 500 g Erdbeeren
• etwas Zitronensaft

Kokos-Dominos

1 Die weiße Schokolade zerbröckle ich grob in einen runden Schlagkessel und lasse sie zusammen mit dem Kokosfett über dem heißen Wasserbad schmelzen.

2 Inzwischen zerkleinere ich die Kokosraspel noch einmal im Blitzhacker, damit sie besonders fein werden. Dann hebe ich sie unter die geschmolzene Schokolade. Zum Schluss rühre ich die Kokosmilch unter.

3 Die Schokoladen-Kokos-Masse gebe ich in eine eckige Form, am besten von etwa 30 mal 20 Zentimeter Größe. Die stelle ich für etwa drei Stunden in den Tiefkühler, damit sich die Pralinen besser schneiden lassen. Die feste Pralinenmasse schneide ich nach Lust und Laune in kleine Würfel oder Rechtecke.

4 Nun schmelze ich die dunkle Schokolade über dem Wasserbad und fülle sie in einen kleinen Spritzbeutel aus Pergament. Ich stelle sie kurz in den Kühlschrank, damit die Schokolade nicht zu warm und flüssig ist, denn jetzt geht es ans Verzieren der weißen Kokos-Dominos: Punkte, Kreise, Schnörkel – was immer Sie mögen – sehen professionell aus. Himmlisch zum Espresso!

TIPP: Besonders dekorativ wird's, wenn Sie die fertigen Kokospralinen noch in kleine Papiermanschetten setzen.

FÜR 40 STÜCKCHEN Foto rechts

*375 g weiße Schokolade • 40 g Kakaobutter oder Kokosfett
(z. B. Palmin) • 150 g Kokosraspel • 125 g Kokosmilch • dunkle
Schokolade zum Verzieren*

Schokoplättchen handgemacht: Die flüssige weiße und dunkle Schokolade lässt Lea Linster auf Alufolie laufen, streicht sie mit der Kuchenpalette glatt und stellt sie kühl.

»Die Kokospralinen sind schnell gemacht, müssen aber etwa drei Stunden im Tiefkühler fest werden.«

Lea hat die Pralinen-masse zu Domino-steinen geschnitten und auch so verziert.

Beeren in rotem Gelée *Seite 148*

Schokoküchlein mit
weichem Kern *Seite 148*

Käsekuchen im Glas mit
Lemon-Curd *Seite 149*

Crème brûlée *Seite 149*

Beeren in rotem Gelee

1 Die frischen Beeren wasche ich und verlese sie. Falls Sie Tiefkühlbeeren nehmen, müssen die erst auftauen.

2 Den roten Traubensaft, den Portwein und den Zucker gebe ich zusammen in einen Topf und lasse die Flüssigkeit kräftig auf etwa einen halben Liter einkochen.

3 Inzwischen weiche ich die Gelatine in kaltem Wasser ein, drücke sie aus und löse sie in der heißen Flüssigkeit auf. Etwas Geleeflüssigkeit verteile ich auf sechs kleine Förmchen, die ich vorher mit kaltem Wasser ausgespült habe, und lasse sie fest werden.

4 Die Beeren verteile ich jetzt auf den festen Geleespiegel in den Förmchen und gieße das restliche Gelee darüber. Ich stelle die Förmchen in den Kühlschrank und lasse alles fest werden.

5 Für die Soße koche ich die Milch zusammen mit dem Zucker und dem Vanillemark, das ich aus der Schote gekratzt habe, auf. Das frische Eigelb schlage ich mit den Quirlen des Handrührers in einer Schüssel schaumig und gieße die heiße Vanillemilch dazu. Ich gieße die heiße Eiermilch zurück in den Topf und schlage die Masse mit den Quirlen des Handrührers immer weiter, bis sie schön dickflüssig ist und einmal aufblubbt: Wir Profis nennen das »zur Rose abziehen«.

6 Die fertige Vanillesoße lasse ich abkühlen und serviere sie zum roten Beerengelee.

FÜR 6 PERSONEN *Foto Seite 146*

150 g gemischte frische Beeren oder TK-Beeren
Gelee: 500 ml roter Traubensaft • 250 ml roter Portwein
• 3 EL Zucker • 6 Blatt Gelatine
Soße: 300 ml Milch • 3 EL Zucker • 1 Vanilleschote • 3 Eigelb

Schokoladenküchlein mit weichem Kern

1 Ich zerbröckele die Schokolade, schmelze sie auf dem heißen Wasserbad und verrühre sie mit der Butter. Dann schlage ich den Zucker und drei ganze Eier darunter. Die anderen beiden Eier trenne ich, die beiden Eigelb rühre ich ebenfalls hinein.

2 Die Eiweiß schlage ich steif und gebe den Eischnee auf die Schokocreme. Zum Schluss gebe ich noch das Mehl darauf – aber bitte mit der Passette oder durch eine Haarsieb, damit es keine Klümpchen gibt. Voilà, nun hebe ich Eischnee und Mehl unter die Schokocreme.

3 Ich heize den Backofen auf 210 Grad vor (Umluft 190 Grad, Gas Stufe 4). Inzwischen gebe ich die Creme in kleine Förmchen, zum Beispiel Muffinförmchen, die ich mit etwas Butter einfette. Die Küchlein müssen nur neun Minuten backen, denn sie sollen noch einen weichen Kern haben. Sie schmecken am besten heiß aus dem Ofen – nur mit ein paar Schokoladenspänen bestreut.

TIPP: In Frankreich werden solche Schokoküchlein »Mi-cuit au chocolat« genannt – also »halbgar«.

FÜR 12 STÜCK *Foto Seite 146*

250 g Schokolade (70 % Kakaoanteil) • 125 g Butter
• 50 g Zucker • 5 Eier • 40 g Mehl
Dekoration: Schokospäne

Schneller Cheesecake – Käsekuchen im Glas

1 Den Frischkäse verrühre ich mit dem Zucker. Dann schlage ich zuerst das Eiweiß sehr steif, dann die Sahne und hebe beides unter den Frischkäse. Vielleicht noch ein Spritzer Zitronensaft dazu – voilà, fertig ist die Käsekuchenmasse. Gelatine wird nicht gebraucht, denn der Käsekuchen wird gelöffelt!

2 Die Kekse zerbrösele ich mit einer Kuchenrolle oder ganz einfach mit meinem Handballen. Am liebsten sind mir die kleinen dunklen Karamellkekse, die man normalerweise zum Kaffee bekommt. Gut sind in der Weihnachtszeit auch Spekulatius oder braune Kuchen. Und Butterkekse gehen natürlich immer gut.

3 Ich gebe eine Schicht Frischkäsecreme in ein Glas, darauf die Brösel, dann wieder Frischkäsecreme.

4 Den Abschluss bildet dann die kleine Orangensoße, die ich genau wie mein Lemon-Curd (unten) zubereite, nur mit kleinen Mengenveränderungen. Ich presse die Orange, die Limette und die halbe Zitrone aus und gebe den Saft in eine Kasserolle. Ich gebe den Puderzucker, das Ei, das Eigelb und die Butter dazu, verrühre alles und bringe die Soße bei kleiner Hitze zum Kochen, dabei rühre ich sie ständig um. Nur einmal aufkochen und ein bisschen abkühlen lassen – fertig.

FÜR 4 GLÄSER *Foto Seite 147*

175 g Frischkäse (z.B. Philadelphia, evtl. auch »leicht« oder »Balance«) • 30 g Zucker • 2 Eiweiß • 100 g Sahne • evtl. etwas Zitronensaft • 80 g zerbröselte Kekse (z.B. Karamell- oder Butterkekse, braune Kuchen oder Spekulatius)
Orangensoße: 1 Orange • 1 Limette • ½ Zitrone • 120 g Puderzucker • 1 Ei • 1 Eigelb • 80 g Butter

Crème brûlée

1 Ich verrühre die Sahne, die Milch, den Zucker und die Eigelb zu einer glatten Masse. Ich kratze dann das Vanillemark aus und rühre es ebenfalls unter – die Crème soll gut nach Vanille schmecken. Aufgepasst: Die Masse stelle ich über Nacht in den Kühlschrank!

2 Ich heize den Backofen auf 150 Grad Umluft vor, so gelingt die Crème am besten. Die Eiersahne gieße ich inzwischen in die ofenfesten Förmchen, stelle sie auf die Fettpfanne des Backofens und schiebe sie in den heißen Ofen. In die Fettpfanne gieße ich dann so viel kochend heißes Wasser, dass die Förmchen zu zwei Dritteln darin stehen.

3 Ich lasse die Crème etwa 45 Minuten stocken – sie soll nicht mehr flüssig, aber auch nicht so fest wie eine Panna cotta sein.

4 Dann lasse ich sie abkühlen. Erst kurz vor dem Servieren streue ich braunen Zucker hauchdünn darauf und karamellisiere ihn mit einem Bunsenbrenner, damit eine feste knackige, braune Zuckerschicht entsteht.

TIPP: Für meine Crème brûlée habe ich Portionsförmchen entwickelt. Sehen sie nicht wunderschön aus?

FÜR 6 PERSONEN *Foto Seite 147*

300 g Sahne • 110 ml Milch • 70 g Zucker • 3 Eigelb • 1–2 Vanilleschoten • 2 EL brauner Zucker

Lemon-Curd – Zitronencreme

1 Ich presse aus den beiden saftigen Zitronen und der Limette den Saft aus. Den gieße ich in einen kleinen Topf, noch besser in eine Kasserolle, und gebe den Puderzucker dazu. Ich rühre um, und dann kommen die weiche Butter, das Ei und das Eigelb dazu.

2 Nun verrühre ich alles gut mit dem Schneebesen und erhitze es bei mittlerer Hitze. So lange, bis die Masse, die ich zwischendrin immer wieder umrühre, einmal aufblubbt. Der Blubb muss sein, damit das Lemon Curd nachher haltbar ist.

3 Die Masse fülle ich in kleine Schraubdeckelgläser und schreibe ein schönes Etikett. So ist die Köstlichkeit auch ein kleines Geschenk für liebe Menschen.

FÜR 2–3 KLEINE GLÄSER *Foto rechts*

2 Zitronen • 1 Limette • 150 g Puderzucker • 80 g Butter • 1 Ei • 1 Eigelb

Wozu passt Lemon-Curd?

Es schmeckt auf dem Frühstücksbrötchen, ist ideal als Keksfüllung, zum Beispiel zwischen meinen Zuckerkeksen (Seite 134), passt als Tortenfüllung und ganz besonders als Soße für den schnellen Cheesecake im Glas (links).

Lea Linster liebt
Desserts, die ein-
fach zuzubereiten
sind – wie dieses
Kirsch-Tiramisu.

Schnelles Tiramisu mit getrockneten Kirschen und Sherry

1 Aus dem Zucker und dem Wasser koche ich einen Sirup, auch »Läuterzucker genannt«, den ich über die Trockenfrüchte gieße.

2 Während die Kirschen einweichen, trenne ich die Eier – sie müssen ganz frisch sein! – und schlage zunächst die Eigelb zusammen mit zwei Esslöffel Zucker mit dem Schneebesen so lange, bis sich der Zucker aufgelöst hat und eine helle Creme entstanden ist. Sie wissen ja, das dauert ein bisschen.

3 Außerdem schlage ich den Mascarpone mit dem Sahnejoghurt und der Sahne geschmeidig – ebenfalls in einem Schlagkessel und mit dem Schneebesen. Wenn es Ihnen leichter fällt, können Sie natürlich auch das Handrührgerät nehmen. Ganz egal: Die geschmeidige Masse ziehe ich unter die Eicreme.

4 Nun schlage ich die Eiweiß ganz steif (das geht nur mit absolut sauberen Schneebesen) und lasse währenddessen die restlichen zwei Esslöffel Zucker einrieseln. Die steife Eiweißmasse hebe ich vorsichtig unter die Mascarponecreme. Voilà!

5 Jetzt gieße ich die eingeweichten Kirschen durch ein Sieb ab und fange den Sirup dabei auf. Vom Kirschsirup brauche ich 50 Milliliter, den vermische ich mit dem Sherry. Am liebsten nehme ich den trockenen Manzanilla dafür. Wenn Sie es süßer mögen: Ein Marsala passt auch perfekt, in der italienischen Küche sind Kirschen und Marsala ja eine klassische Kombination.

6 Dann halbiere ich die Löffelbiskuits – und schon geht es ans Dekorieren. Am liebsten nehme ich Tassen dafür, denn mit der Tasse brauche ich keine Sorge zu haben, dass das Tiramisu gut steht! Ich halbiere die Löffelbiskuits und tränke sie großzügig in dem Kirsch-Sherry-Mix.

7 Dann gebe ich zunächst Mascarponecreme in die Tasse, darauf Löffelbiskuits, dann etwas von den abgetropften Kirschen. Wieder Mascarponecreme, Biskuit und Kirschen. Und obendrauf dressiere ich Mascarponecreme, am liebsten natürlich mit einem Spritzbeutel, damit es wunderschön aussieht. Zum Schluss dekoriere ich in der Mitte ein Stückchen Kirsche obendrauf.

8 Wer mag, kann auch noch ein bisschen Kakaopulver darüberstäuben. Die beste Nachricht: Dieses Tiramisu schmeckt sofort. Genießen Sie dieses feine Dessert!

FÜR 6 PERSONEN Foto links

Zuckersirup (100 g Zucker und 100 ml Wasser) • 100 g getrocknete Sauerkirschen • 3 Eier • 4 EL Zucker • 250 g Mascarpone • 2 EL Sahnejoghurt • 2 EL Sahne • 75 ml Sherry (oder Marsala) • 100 g Löffelbiskuits • evtl. etwas Kakaopulver

Spekulatius-Tiramisu

1 Ich schlage die Sahne steif und süße sie mit dem Puderzucker. Die Kekse gebe ich in einen Gefrierbeutel und zerbrösele sie mit der Kuchenrolle.

2 Dann schichte ich einfach abwechselnd Sahne und Keksbrösel in kleine Tassen oder Becher – obendrauf sollen Spekulatiusbrösel sein. Fertig!

FÜR 6 PERSONEN Foto oben

200 g Sahne • 2 TL Puderzucker • 8 Spekulatiuskekse ohne Mandeln

»Die blitzschnelle Weihnachtsüberraschung!«

Trifle mit Pistazienbiskuit, Mango und Pfirsich

1 Erst backe ich den Biskuit. Dafür schlage ich die Eier und den Zucker mit den Schneebesen des Handrührgeräts schaumig. Sie wissen ja, es dauert: Die Masse muss schön weiß, cremig und fest sein. Dann hebe ich das Mehl darunter, das ich durch eine Passette oder ein Haarsieb dazugebe, und die fein gemahlenen Pistazien.

2 Ich lege ein Blech mit Backpapier aus und verstreiche meinen Biskuitteig etwa fingerdick, am besten in einem variablen Backrahmen, zu einer rechteckigen Fläche, damit ich ihn nachher leicht ausstechen kann. Im vorgeheizten Ofen backe ich ihn bei 170 Grad (Umluft 150 Grad, Gas Stufe 3) etwa zwölf Minuten und lasse ihn dann abkühlen.

3 Nun bereite ich das Obst zu. Ich schneide von einer schönen reifen Mango ein bis zwei Scheiben von einem Zentimeter Dicke ab, schäle sie und schneide sie in feine Würfel. Außerdem brauche ich zwei gelbe Pfirsiche, die schneide ich oben über Kreuz ein, gebe kurz kochendes Wasser darüber und enthäute sie.

4 Für den Sirup bringe ich einen halben Liter Wasser mit dem Zucker, der Limette (in Scheiben geschnitten) und ein paar Blättchen Verveine zum Kochen. Ich halbiere die Pfirsiche, wenn's geht auch den Kern, und pochiere sie im Verveine-Sirup, so gibt es einen intensiven Geschmack. Aus den pochierten Pfirsichen löse ich die Kerne aus und stelle die Früchte zum Abkühlen in den Kühlschrank.

5 Zum Schluss mache ich die Creme. Ich nehme den Mascarpone, kratze das Mark aus der Vanilleschote und verrühre beides. Dazu gebe ich einen kleinen Schuss Milch und 60 Gramm vom Zucker. Ich rühre alles so lange mit dem Schneebesen, bis ich eine geschmeidige Creme habe, in die ich jetzt ein paar Tropfen Zitronensaft hineinträufele – der gibt den Kick.

6 Inzwischen weiche ich die Gelatine in etwas Wasser ein. In einer kleinen Kasserolle erhitze ich zwei Esslöffel von der Sahne mit dem restlichen Zucker, drücke die Gelatine aus und löse sie in der Zuckersahne auf. Noch eine kleine Prise Salz hinein – voilà. Nun ziehe ich erst die Gelatinesahne unter die Mascarponecreme, dann schlage ich die restliche Sahne steif und hebe sie auch darunter.

7 Zur Dekoration, die erfordert diesmal besondere Aufmerksamkeit: In schöne Gläser gebe ich zuerst Mangowürfel, darauf eine Schicht Mascarponecreme und eine Schicht Biskuit. Dafür steche ich aus dem Teig Kreise genau in der Größe der Gläser aus. Das ist sehr wichtig, damit man später die Trifle-Schichten gut sehen kann! Falls der Biskuit zu hoch geworden ist, halbiere ich ihn einmal waagerecht. Auf den Biskuit gebe ich mit dem Spritzbeutel noch eine Schicht Mascarponecreme.

8 Vom Pfirsich schneide ich dann dünne Scheiben ab und dekoriere sie erst am Rand in die Gläser, dann in die Mitte. Obendrauf spritze ich jeweils noch einen kleinen Klacks von der Creme und dekoriere ein Stückchen Mango, ein paar Pistazienkrümel und gern auch zwei Stückchen Violets. Viel Freude und bon appétit!

Variante: Wenn Sie keine Verveine (Eisenkraut) bekommen, geht es auch sehr schön mit Lavendel. Und wenn es weiße Pfirsiche auf dem Markt gibt, mache ich sie mit Rosmarin – so bleibe ich mir treu!

Ein eher kompliziertes Vergnügen, aber die Mühe lohnt sich!
1+2 Lea bereitet den Bikuitteig vor (er eignet sich auch fantastisch als Boden für alle Obstkuchen!). 3 Der Mascarpone und das Vanillemark werden verrührt. 4 Die Pfirsiche pochiert Lea mit Verveineblättchen. 5 Aus dem Biskuitteig sticht sie Kreise in der Größe des Glases aus.

FÜR 6 PERSONEN
Foto rechts

Biskuit: 3 Eier • 50 g Zucker • 50 g Mehl • 50 g Pistazien
Obstfüllung: 1 reife Mango • 2 gelbe Pfirsiche
Sirup: 120 g Zucker • 1 Bio-Limette • 1 EL getrocknete Verveine (Eisenkraut)
Creme: 250 g Mascarpone • 1 Vanilleschote • 2–3 EL Milch • 75 g Zucker • etwas Zitronensaft • 2 Blatt weiße Gelatine • 150 g Sahne • 1 Prise Salz
Dekoration: Violets • Pistazien (fein gehackt)

Geschmack und Farbe harmonieren perfekt: Leas fantasievoller Trifle ist absolut köstlich.

Leas Vacherin –
ein Traum aus Baiser
und Eis. Er muss
gut durchfrieren.

Vacherin mit Vanille- und Erdbeereis

1 Zuerst wasche ich die Erdbeeren und putze sie, es sollen 500 Gramm Früchte sein. Ich presse die Orange aus. Erdbeeren, Orangensaft und Zucker püriere ich im Mixer der Küchenmaschine. Ich gebe das Fruchtpüree in eine Metallschüssel und friere es etwa eine Stunde im Eisfach vor. So wird das Eis in der Eismaschine schneller fest.

2 Inzwischen schlage ich die Sahne halbsteif und hebe sie unter das Püree. Diese Masse gefriert jetzt in der Eismaschine und wird im Tiefkühler aufbewahrt.

3 Nun zum Vanilleeis: Ich schlage wie immer Zucker und Eigelb mit den Quirlen des Handrürers cremig, bis eine helle Masse entstanden ist und sich der Zucker fast aufgelöst hat.

4 Ich koche dann die Milch und die aufgeschlitzte und ausgekratzte Vanilleschote mit dem Mark auf. Ein Drittel davon rühre ich unter die Eigelbmasse. Alles gieße ich zurück in den Topf mit der Vanillemilch. Ich fische die Schote heraus und bringe die Vanillemilch dann auf kleiner Flamme fast bis zum Kochen – dabei muss ich sie ununterbrochen mit den Quirlen des Handrührers weiterschlagen!

5 Wenn die Vanillemilch leicht gebunden ist, nehme ich sie vom Herd, lasse sie abkühlen und dann im Tiefkühler vorfrieren. Nach einer Stunde gebe ich die Vanillemasse in die Eismaschine und lasse sie zu einem wunderbar cremigen Eis gefrieren.

6 Für den Baiser schlage ich die Eiweiß steif und lasse dabei den Zucker langsam einrieseln. Die Baisermasse fülle ich in einen Spritzbeutel und spritze dann Stränge auf ein mit Backpapier ausgelegtes Blech. Die Stränge sollen dicht beieinanderliegen, so dass sich nachher eine ganze Fläche ergibt.

7 Den Baiser lasse ich im Backofen bei nur 100 Grad zwei Stunden lang trocknen, danach muss er er bei geöffneter Backofentür noch weitere zwei Stunden auskühlen. Voilà!

8 Den fertigen Baiser teile ich in drei Stücke. Ich nehme eine Kastenform, lege sie mit einem Stück Alufolie aus und bepinsele die Folie eventuell mit etwas Öl. Darauf lege ich das erste Baiserstück. Darauf streiche ich das Vanilleeis, lege einen zweiten Baiserboden darauf und streiche dann das Erdbeereis darauf. Zum Schluss kommt der dritte Baiserboden obendrauf – und fertig ist der Vacherin, den ich im Tiefkühler nochmals durchfrieren lasse.

9 Zum Servieren schneide ich Scheiben vom Vacherin ab und dekoriere gern mit etwas Erdbeermark und geschlagener Sahne.

FÜR 12 PERSONEN *Foto links*

Erdbeereis: 500 g Erdbeeren • 1 Orange • 100 g Zucker • 150 g Sahne
Vanilleeis: 200 g Zucker • 3 Eigelb • 600 ml Vollmilch • 1 Vanilleschote
Baiser: 4 Eiweiß (140 g) • 280 g Zucker
Dekoration: Erdbeermark • Sahne

Joghurteis mit Zitrusnote

1 Ich verrühre den Zucker, den Joghurt und die Sahne.

2 Dann wasche ich die Bio-Zitrusfrüchte heiß ab, trockne sie gut mit Küchenpapier und ziehe die Schale mit einem Zestenreißer ab. Wenn Sie es feiner mögen, können Sie die Schale auch mit der Microplane abreiben. Ist das passiert, presse ich die Orange, die Zitrone und die Grapefruit aus. Voilà!

3 Zitrusschalen und -saft rühre ich nun unter die Joghurtmasse, gebe sie in die Eismaschine und lasse das feine Joghurteis gefrieren.

FÜR 6 KUGELN *Foto oben*

150 g Zucker • 500 g Vollmilchjoghurt • 100 g Sahne • 1 Bio-Orange • 1 Bio-Zitrone • 1 Bio-Grapefruit

Was ist ein »Café à la Madeleine«?

Eine Erfindung von mir! In meinem zweiten Restaurant, dem »Pavillon Madeleine« in Kayl, serviere ich den Café nach dem Essen auf ganz besondere Art: Es gibt einen kleinen Espresso, wie immer dazu eine Madeleine, die berühmte Gebäckspezialität, und eine Kugel vom fein säuerlichen Joghurteis (oben). Eine ganz köstliche Kombination!

Einmalig gut in Reife
und Geschmack –
Leas Käsesortiment
mit Comté (aus dem
Jura), Charolais (von
der Ziege), Gorgonzo-
la, Herve aus Belgien,
Moelleux du Revard
aus Savoyen, Taleggio,
Coulommiers (eine
Brie-Art) und kleinen
Picandous. Das
Ziegenkäsesortiment
(rechts) kommt von
der Loire, der Heimat
von Leas Chefkoch
Sylvain Cousin.

»Eine Konsistenz und so viel Geschmack! Ich bin fasziniert von der geballten Saveur des Käses. Doch es ist nicht leicht, wirklich guten zu finden. Affineur Bernard Anthony aus dem Elsass liefert ihn mir. Ich habe Ziegenkäse extra von der Loire dabei und auch Gorgonzola gefunden, der nicht zu salzig ist und perfekt zu meiner Elbling-Spätlese passt. Nun gibt es also wunderbaren Käse bei mir im Restaurant und Kleinigkeiten zum Café. Schauen Sie mal!«

Traumhaft leicht:
Zum Café reicht
Lea natürlich ihre
eigene Kreation
der weltberühmten
Macarons.

Pistazien-Macarons mit Mascarponecreme

1 Das Geheimnis perfekter Macarons ist die doppelte Baisermasse. Zunächst stelle ich die Basismasse her: Dafür koche ich den Zucker mit etwas Wasser auf, bis eine Temperatur von 120 Grad erreicht ist. Für die Kontrolle nehme ich ein Zuckerthermometer.

2 Dann schlage ich Eiweiß in einem Schlagkessel mit dem Schneebesen. Ich schlage es erst nur leicht an, rühre nach und nach den heißen Zucker unter und schlage die Masse so lange, bis sie erkaltet ist. Wir Profis nennen es kalt schlagen. Das Ergebnis: Die Masse ist knallfest. Voilà, die Basismasse ist fertig.

3 Für die zweite Baisermischung wird das Eiweiß nicht steif geschlagen, sondern mit dem Puderzucker und dem Mandelmehl eher zu einer Pampe verrührt. Wichtig: Die Mandeln müssen wirklich fein wie Mehl gemahlen sein. Zum Schluss ziehe ich das Pistazienmarzipan unter, das ich auch für das wunderbare Pistazien-Parfait verwende. Heraus kommt eine feine, leicht hellgrüne Baisermasse.

4 Die leichte Pistazien-Baisermasse hebe ich jetzt unter die feste Basismasse. Diese neue Baisermasse fülle ich dann in einen Spritzbeutel mit glatter Tülle. Ich lege ein Backblech mit Backpapier aus und spritze Baisertupfer mit großzügigem Abstand darauf.

5 Die Baisertupfer müssen 30 Minuten ruhen, damit sich ein kleiner Sockel absetzt und die Oberfläche eine kleine Kruste bildet. Ich heize den Backofen auf 150 Grad Umluft vor (nur damit wird's perfekt) und backe die Macarons dann in zehn Minuten fertig.

6 Nachdem ich die Macarons aus dem Backofen geholt habe, spritze ich etwas Wasser zwischen Backblech und Backpapier – so lässt sich das zarte Gebäck gut lösen. Ich stelle die Macarons dann sofort in den Kühlschrank oder kurz in den Tiefkühler, damit sie ganz schnell abkühlen und ihren wundervollen weichen Kern behalten.

7 Für die Füllung verrühre ich den Mascarpone mit der halbsteif geschlagenen Sahne, dem Zitronensaft, dem Zucker und dem Mark der Vanilleschote und fülle die Masse in einen Spritzbeutel. Vor dem Servieren gebe ich jeweils einen kleinen Klacks zwischen zwei Baiserdeckelchen. Genießen Sie's – die Macarons sind wirklich himmlisch!

FÜR 20 STÜCK Foto links

Basis-Baisermasse: 250 g Zucker • 90 g Eiweiß
Pistazien-Baisermasse: 90 g Eiweiß • 230 g Puderzucker
• 230 g Mandeln (geschält, sehr fein gemahlen)
• 1 EL Pistazienmarzipan (Seite 141)
Mascarponecreme: 250 g Mascarpone • 375 g Sahne
• 40 ml Zitronensaft • 75 g Zucker • 1 Vanilleschote

Schokoladenpizettes

1 Ich breche die Schokolade in Stücke und schmelze sie über dem heißen Wasserbad. Dabei rühre ich um, damit sie schön gleichmäßig schmilzt. Ein Stück Alufolie bestreiche ich dann dünn mit Öl und lege es auf ein Tablett. Mit einem Löffel gebe ich zwölf Schokoladenkleckse auf die Folie und verstreiche sie zu flachen Talern.

2 Die Taler belege ich einfach mit Nüssen und Früchten. Ich stelle sie kühl und lasse sie fest werden. Die Schokotaler sind perfekt zum Espresso – aber bitte vorsichtig von der Folie lösen!

FÜR 12 STÜCK Foto oben

100 g weiße Schokolade • etwas Öl • 30 g Nüsse und getrocknete Früchte (z. B. Pistazien, Walnusskerne, Mandeln, Rosinen, Zitronat)

»Eine kleine Zugabe zum Café – und die Gäste gehen glücklich nach Hause. Und manchmal bekommen sie auch einen Kuss.«

Werkzeug für feine Verzierungen: die Tüllenkollektion in Lea Linsters Küche in Frisange.

Leas Tipps & Tricks

Blanchieren – so bleibt Gemüse grün

Viele Gemüse koche ich ganz kurz (etwa zwei bis drei Minuten) in reichlich sprudelndem Salzwasser. Blätter wie Spinat sogar nur eine Minute! Hinterher schrecke ich das Gemüse in Eiswasser ab, so bleibt alles schön grün – von der Erbse bis zum Brokkoli. Wir Profis nennen das »blanchieren«.

Butter ist wunderbar!

Ich liebe besonders die feine Butter aus Luxemburg, deshalb kommt sie in fast allen meinen Rezepten vor. Butter ist der ideale Geschmacksträger, aber sie muss immer frisch sein und schön luftdicht verschlossen aufbewahrt werden, denn sonst kann man sofort herausfinden, was noch so alles im Kühlschrank war. Oft sage ich, ich gebe eine dicke Nuss Butter an ein Gericht, damit sind etwa 20 bis 30 Gramm gemeint.

Butter klären – das geht ganz einfach

Ich lasse Butter in einem kleinen Topf bei milder Hitze schmelzen. Dann bildet sich oben auf der flüssigen Butter ein kleiner Schaum, das ist die Molke. Ich lege ein Sieb mit Haushaltspapier oder einem Leinentuch aus, gieße die Butter durch und stelle sie kalt. Butter, die so geklärt wurde, nennt man auch Butterschmalz. Sie ist perfekt zum Braten, weil sie selbst bei höheren Temperaturen nicht verbrennt und beim Braten nicht spritzt.

Nussbutter

Wenn Sie mit ungeklärter Butter braten, wird die Molke bei höheren Temperaturen braun. Verbrennen darf die Butter nicht, aber leicht braun gibt's »Nussbutter« – mit einem feinen Karamellgeschmack. Den brauche ich zum Beispiel für meine Spätzle (Seite 89).

Croûtons müssen schön knusprig sein

Dafür schneide ich zwei Scheiben Weißbrot (ohne Rinde) in Würfelchen, brate sie bei kleiner Hitze in einer beschichteten Pfanne ohne Fett kross an. Dann gebe ich etwa 20 Gramm Butter dazu, brate die Würfel unter Wenden fertig und lasse sie ein wenig auf Küchenpapier abtropfen.

Flambieren – wie geht's?

Ich übergieße das Fleisch mit etwas Cognac und zünde ihn an. Das kann manchmal wirklich für den Geschmack super sein. Aber Vorsicht: Den Alkohol bitte in ein Schnapsglas abfüllen oder auf einen Löffel geben und nie aus der Flasche dazugießen! Schnaps brennt gut ab 40 Vol.-% Alkohol.

Fonds – muss man sie wirklich selbst kochen?

Ich schwöre auf selbst gekochte Fonds, vor allem Hühnerfond sollte man immer im Vorrat haben – probieren Sie's mal (Rezept Seite 38). Wer ganz auf Fleisch verzichtet, kann stattdessen problemlos Gemüsefond kochen: aus gutem Suppengrün und einer schwarz gerösteten Zwiebel.

Jus – was ist das?

Es ist das französische Wort für Saft. Ich verwende die Bezeichnung manchmal für Bratensaft oder auch konzentrierte Fruchtsoßen, denn meine Muttersprachen sind Luxemburgisch, Französisch und dann erst Deutsch.

Karamellisieren für den guten Geschmack

Wenn Zucker erhitzt wird, schmilzt er zu Karamell. Diese feine Süße ist für manche Speisen unentbehrlich. Ich mag zum Beispiel die Saiblingsfilets auf karamellisiertem Chicorée (Seite 51) und liebe den Geschmack zu Karotten. Ein Muss ist natürlich die dünne, fast verbrannte Zuckerschicht auf meinem Klassiker Crème brûlée (Seite 149).

Knoblauch bitte nur ganz frisch!

Wenn Knoblauch schon einen grünen Keim hat, macht er keine Freude mehr. Ich rate, nur ganz frischen zu nehmen und den Knoblauch sonst lieber ganz wegzulassen.

Mehlbutter – der Trick für Soßen

Mit ihr lassen sich Soßen schnell binden. Ich vermische einen Teelöffel weiche Butter mit einem kleinen Teelöffel Mehl und rühre die Mehlbutter mit dem Schneebesen in die kochende Soße. Voilà!

Montieren – für Soßen unentbehrlich!

Wir Profis nennen das Binden einer Soße nur mit Butter »montieren«. Dafür muss die Butter ausnahmsweise wirklich eiskalt sein. Ist sie zu weich, wird die Soße nicht sämig, sondern fettig. Am besten geht's, wenn Sie kleine Stücke in einer Frischhalte- oder Alu-Folie kurze Zeit im Kühlschrank oder im Gefrierfach erkalten lassen und dann einzeln schnell mit dem Schneebesen unterrühren.

Öl muss von erstklassiger Qualität sein!

Wenn ich zum Kochen und Frittieren neutral schmeckendes Öl brauche, nehme ich gern Erdnussöl. Das verwende ich manchmal auch für Salatsoßen, dafür nehme ich aber meist Sonnenblumenöl oder vor allem Olivenöl – ganz, wie's beliebt. Wichtig ist allein, dass die Öle, genau wie alle anderen Produkte, von sehr guter Qualität sind. Übrigens: Auch kalt gepresstes Olivenöl eignet sich sehr gut zum Braten, zum Beispiel von Mittelmeerfischen. Es darf nur nicht überhitzt werden.

Passieren von Soßen und Suppen

Feine Soßen und elegante Suppen müssen ohne Teilchen und Klümpchen sein. Sie werden schön glatt, wenn ich sie erst püriere und dann noch durchs Haarsieb rühre – wir Profis nennen das »passieren«.

Pfeffer – am liebsten aus der Mühle

Ich mahle den Pfeffer aus der Mühle frisch über die Speisen. Für feine helle Soßen und für Fischrezepte nehme ich weißen Pfeffer, ebenfalls frisch gemahlen.

Pochieren – wie geht das?

Wenn Gemüse, Eier oder Fisch bei kleiner Hitze in Flüssigkeit (Wasser oder Fond) gar ziehen, aber nicht kochen, nennen wir Profis das »pochieren«.

Reduzieren, das Geheimnis guter Soßen

Eine wirklich gute Soße muss in der Menge ordentlich reduziert werden. Ich lasse die Flüssigkeit also bei großer Hitze und im offenen Topf so lange einkochen, bis sie eine schöne Konsistenz und einen kräftigen Geschmack hat. Oft lasse ich mehr als die Hälfte der Flüssigkeit reduzieren! Aufgepasst: Sie müssen unbedingt in jeder Sekunde dabeibleiben und schauen, wie viel noch im Topf ist! Erst danach montiere ich die Soße.

Salz ist das wahre Gewürz

Zum Kochen von Kartoffeln oder Nudeln nehme ich natürlich normales Tafelsalz. Sonst verwende ich am liebsten Meersalz. Ganz besonders fein ist das grobe »Fleur de Sel de Guérande« aus der Bretagne, das dort in den Salzgärten in Handarbeit abgetragen und von Sonne und Wind getrocknet wird. Das gibt es zum Beispiel zu meinen knusprigen Brötchen und der frischen Butter.

Sautieren – wie macht man das?

Das ist der Fachausdruck dafür, wenn Gemüse oder Pilze in Butter gegart werden. In einer Kasserolle schmelze ich die Butter bei mittlerer Hitze, bis sie schäumt. Das Gemüse kommt hinein und wird auf den Punkt gegart. Aber nicht zu lange, sonst wird es sogar beim Sautieren matschig!

Tomaten bitte ohne Haut!

Bei mir dürfen Tomaten ihre Schale nur dann behalten, wenn die Soße oder Suppe anschließend passiert wird. Zum Enthäuten die Tomaten oben einfach über Kreuz mit einem scharfen Messer einritzen, kurz mit kochendem Wasser überbrühen und abschrecken. Danach lässt sich die Haut leicht abziehen. Wenn Kirschtomaten besonders edel und wunderbar rot aussehen sollen, brenne ich die Haut mit einem kleinen Bunsenbrenner ab.

Vanille – immer frisch aus der Schote

Ich verarbeite nur frische Vanille. Dafür werden die Vanillestangen einfach mit einem kleinen scharfen Küchenmesser aufgeschlitzt und das Mark herausgekratzt.

Zuckersirup ist die perfekte Basis

Ich brauche ihn vor allem für Sorbets, Eis und Desserts. Dafür werden Zucker und Wasser zu gleichen Teilen gekocht, bis sich der Zucker ganz aufgelöst hat. Manchmal aromatisiere ich den Zuckersirup, zum Beispiel mit Rosmarin, das passt perfekt zu weißen Pfirsichen. Oder mit Verveine (Eisenkraut) für meinen Trifle mit Pistazienbiskuit, Mango und Pfirsich (Seite 152).

Leas wichtige Helfer

A: Pimientos del Piquillo

Die roten Paprikaschoten aus Spanien sind auf dem Holzgrill geröstet, von der Haut befreit und in Olivenöl konserviert. Ich liebe sie sehr, denn sie haben einen raffinierten, süß-scharfen Geschmack, der vor allem auch zu Fisch ganz wunderbar passt. Es gibt sie in Dosen oder Gläsern im Fachhandel und Online-Versand.

B: Melfor-Essig

Der preisgünstige Essig aus dem Elsass hat eine lange Tradition, die Firma Melfor stellt ihn schon seit 1919 her. Mit seiner Mischung aus Kräutern und Honig ist er schön mild. Inzwischen ist er in Deutschland erhältlich, zum Beispiel hat ihn Edeka im Programm.

C: Piment d'Espelette

Espelette ist ein kleiner Ort im französischen Baskenland, dort werden die Pfeffer- und Chilischoten angebaut, getrocknet und vermahlen. Piment d'Espelette ist pikant, aber nicht ganz so scharf wie Cayenne. Vielen Speisen gibt er den Kick – denken Sie nur an die Kürbiscreme von Seite 37. Falls Sie ihn nicht in Ihrer Nähe finden: »1001 Gewürze« hat Piment d'Espelette für uns in kleine Mengen abgefüllt (www.1001gewuerze.de).

LEAS REZEPTE VON A–Z

»Glauben Sie mir, ich bin ein bisschen stolz, dass dies schon das fünfte Buch mit BRIGITTE ist. Aber manchmal weiß sogar ich nicht mehr, in welchem Buch welches Rezept steckt. Und vielen meiner Gäste geht es genauso. Hier ist die Lösung: alle meine Rezepte von A bis Z. Voilà!«

A

B

C

»Kochen mit Liebe«: Crêpes normandes, leckere Apfelpfannkuchen.

Jakobsmuscheln auf Chicorée mit Orangen-vinaigrette.

Lardo auf
Baguette mit
Bohnenpüree.

N

O

Sorbet von Aprikosen und roter Paprika.

Kräftige Zwiebelsuppe, ideal für die Party.

»*Das Ambiente in einem Restaurant ist wichtig, aber nicht alles. Meine Gäste sollen sich wohl fühlen, egal ob im neuen ›Pavillon Madeleine‹ oder im Restaurant in Frisange mit Blick auf die Felder.*«

Restaurant LÉA LINSTER CUISINIÈRE
17, route de Luxembourg
L-5752 Frisange/Luxemburg
Tel. 00352/23 66 84 11, Fax 23 67 64 47
Öffnungszeiten: Mittwoch bis Sonntag,
mittags ab 12.00 Uhr, abends ab 19.00 Uhr.
Bitte reservieren Sie einen Tisch

PAVILLON MADELEINE by Léa Linster
30, rue du moulin
L-3660 Kayl/Luxemburg
Tel. 00352/26 56 64, Fax 26 56 64 64
Öffnungszeiten: Mittwoch bis Sonntag,
12.00 Uhr bis 21.30 Uhr (letzte Bestellung)

www.lealinster.lu

KONZEPTION Burgunde Uhlig, Susanne Mersmann

REZEPTE + PRODUKTION Burgunde Uhlig

TEXTE + REDAKTION Lea Linster, Susanne Mersmann

FOTOS Thomas Neckermann

ART-DIRECTION, LAYOUT + SATZ Christiane Kapaun

FOOD-STYLING Uschi Hussmann-Dilger

SCHLUSSREDAKTION Uta Kleimann

UMSCHLAGGESTALTUNG Almut Moritz

UMSCHLAGFOTO Thomas Neckermann

HERSTELLUNG Tanja Kuge, Regina Fischer

LITHO MWW Medien GmbH, Hamburg

DRUCK + BINDUNG Mohn Media GmbH, Gütersloh

Das Buch-Team aus
Hamburg (von links):
Christiane Kapaun,
Uschi Hussmann-Dilger,
Susanne Mersmann,
Burgunde Uhlig und
Thomas Neckermann

FSC

Verlagsgruppe Random House FSC-DEU-0100
Das für dieses Buch verwendete FSC-zertifizierte Papier
Hello Fat Matt 1,1 liefert Condat, Le Lardin Saint-Lazare, Frankreich.

BRIGITTE-Buch im Diana Verlag
Copyright © 2011 by Diana Verlag, München,
in der Verlagsgruppe Random House GmbH

Printed in Germany 2011

978-3-453-28533-0
http://www.diana-verlag.de